南昌航空大学学术文库

本书系江西省高校人文社科规划项目"基于行业共同体的我国行业自治研究"（项目编号：SH18102）结项成果

汪火根 ◎ 著

基于行业共同体的我国行业自治研究

中国财经出版传媒集团

经济科学出版社

Economic Science Press

图书在版编目（CIP）数据

基于行业共同体的我国行业自治研究／汪火根著.
—北京：经济科学出版社，2019.4
ISBN 978 - 7 - 5218 - 0440 - 9

Ⅰ.①基…　Ⅱ.①汪…　Ⅲ.①行业管理－研究－中国
Ⅳ.①F269.22

中国版本图书馆 CIP 数据核字（2019）第 065800 号

责任编辑：周国强
责任校对：王肖楠
责任印制：邱　天

基于行业共同体的我国行业自治研究

汪火根　著

经济科学出版社出版、发行　新华书店经销
社址：北京市海淀区阜成路甲 28 号　邮编：100142
总编部电话：010 - 88191217　发行部电话：010 - 88191522
网址：www.esp.com.cn
电子邮件：esp@ esp.com.cn
天猫网店：经济科学出版社旗舰店
网址：http://jjkxcbs.tmall.com
固安华明印业有限公司印装
710×1000　16 开　12 印张　200000 字
2019 年 4 月第 1 版　2019 年 4 月第 1 次印刷
ISBN 978 - 7 - 5218 - 0440 - 9　定价：68.00 元

前　言

　　在自生自发市场中，同行从业者一般会在先天的血缘、地缘等基础上形成互动的共生关系，进而形成行业共同体之类的自发性组织。比如在中国古代社会晚期尤其是明清时期，随着商品经济的发展和市场竞争的日趋激烈，来自同一地方的商人因先天的地缘等因素形成对某类商品的垄断经营，此即"同乡同业"的经营现象。与此类现象相伴随的，是在许多区域性市场和工商业中心形成大量的行会、商人会馆、同业公会等行业共同体。而在当代中国的温州地区，由于民营经济的发展所带来的自发市场的发展和"同乡同业"的经营方式等也促使民间商会等行业共同体蓬勃发展。借助于"同乡同业"的经营方式和行业共同体，同行从业者在将外来者排挤出本行业的同时，也对行业内部从业者之间诸如假冒伪劣、虚假宣传、剽窃技术、竞相削价、违规收徒等违反行业习俗和行业规则的行为加以约束以维护行业声誉和行业利益，这种约束主要通过行业内部的对话协商、共同约定、集体抵制等手段或者说依托行业内部自发的群体或组织力量来实施。

　　从中国传统社会行业共同体的生成来看，物产的地域性、市场的分割性等因素诱发"同乡同业"的经营传统进而使得同行从业者在乡情地谊的纽带下形成自发的结合。而传统社会对工商业活动的不直接干预以及流寓他乡的工商业者对公共性服务的需求等因素，也促使同乡从业者形成自愿的结合来进行自我管理，由此导致行业共同体的生成。这种行业共同体一般以先天的亲缘、地缘纽带建立起来，成员之间形成具有相互连带关系的封闭性网络。在封闭性网络内，行业共同体借助于公共议论、集体排斥等树立共同体的权威。这种相互连带的封闭性网络和共同体的权威构成中国传统社会行业自治的重要社会基础。在这个基础上，行业共同体通过连带责任机制、风险共担和相互扶持机制以及跨地缘链合机制等来实现行业问题的自治。

在当代中国，长期实行的计划经济体制和高度管控的社会管理体制等抑制了民间社会的自主性。但浙江温州却在民间行业共同体的发展和行业自治上树立了一个典型。温州民间行业共同体具有自身特有的生成逻辑，即在面对严重的行业信用危机甚至地方信用危机中，温州地方政府以自身的灵活变通为民间行业共同体的发展提供了充足的外部制度供给。而温州民营经济与产业集群的发展，在此基础上日益发展壮大的民营企业家群体以及温州人抱团的生存理念等，则为温州民间行业共同体的生成和发展提供了坚实的基础。在行业共同体视角下，温州行业问题的治理主要通过政治嵌入机制、精英治理机制、声誉机制和信任网络机制等得以实施。

对中国从传统社会到当代社会行业自治的历时性比较中能够发现，来自同一地域的人们从事相同或相近的行业，这种"同乡同业"的经营方式形成了链条式的行业发展模式；在链条式行业发展模式下，同乡与同业之间相互扶持形成抱团式的集体生存模式，进而诱发行业共同体的生成。行业共同体中成员之间紧密的经济社会联结形成了封闭性网络，共同体中不同类型能人的重合保持了网络的整体性，这构成行业自治实施的两个前提条件。在封闭性和整体性网络下，中国行业自治主要通过权威机制、声誉机制、信任机制和关键群体机制等实施。

通过对行业共同体视角下行业问题治理的研究，可以得出以下两个基本结论：第一，行业共同体具有同乡组织和同业组织相互交织与重合的特点，尤其是同乡组织对同业组织形成裹挟作用，使行业共同体呈现出浓厚的非正式性和非制度化色彩，中国行业共同体本质上更接近非正式的关系网络而不是正式组织。第二,在由行业共同体实施的行业自治中,虽然行业共同体建立了正式的规章制度,但是这些制度文本在实践中不一定得到有效执行,诸如私人关系、社会声誉、信任等非正式的力量在自治中发挥着更为重要的作用,因此中国行业自治的实现可能不是依靠正式制度力量而是非正式力量。

目 录
CONTENTS

| 第一章 |

导　论

第一节　选题缘由与研究意义

一、选题缘由

（一）选择行业自治为研究主题的背景

改革开放以来，中国经济逐渐进入快速增长的轨道，尤其是 20 世纪 90 年代初市场取向的经济体制改革，更是助推了中国经济的高速增长。但中国经济快速增长的背后也隐藏着诸多隐患，作为这种隐患之一的是经济增长与社会进步之间的不同步，经济增长付出了巨大的社会代价。本书要论述的行业失信问题以及更广义上的社会信用问题，便是这种社会代价的突出体现。从学理上讲，市场经济就是信用经济，市场经济的发展是以信用为支撑的。中国 20 世纪 90 年代初启动的市场经济改革在推动经济快速增长时理应也会带来社会信用建设上的跟进，但恰恰相反，与经济快速增长相伴随的却是社会信用问题的日趋严峻。如果说改革初期的社会信用问题还主要局限于经济领域，具体体现为假冒伪劣、坑蒙拐骗、虚假宣传、恶意拖欠、三角债等失信问题的话，那么随着经济增长以及由此带来的整个社会的转型，失信问题不断地向其他领域蔓延。社会信用问题已经成为中国经济社会发展的绊脚石，它不仅引发全社会对该问题的关注，同时也倒逼国家在政策层面上加以回应。例如，2002 年召开的中国共产党第十六次代表大会首次提出要整顿和规范市场秩序，健全现代市场经济的社会信用体系。2003 年召开的党的十六届三中全会进一步提出要建设以道德为支撑、产权为基础、法律为保障的社会信用体系。但从 2003~2013 年中国经济增长的十年黄金时间里，虽然中国很多地方进行了社会信用体系建设的试点和推广，但收效似乎并不显著。如何在社会信用建设的顶层设计上进行突破，成为当今我国社会信用建设的主方向。为了加强对社会信用行为主体统一化管理，2013 年 3 月 10 日国务院公布的《国务院机构改革和职能转变方案》提出将建立以公民身份证号码和组织机构代码为基础的统一社会信用代码制度，每个人和机构将拥有一个崭新的信用代码。2014 年 6 月，国务院印发《社会信用体系建设规划纲要（2014—2020 年）》，这是中华人民共和国成立以来第一部国家级的社会信用体系建设专项规划，它对加快建设社会信用体系、构筑诚实守信的经济社会环境做了全面部署。在 2015 年 3 月召开的十二届全国人大三次会议上，李克强总理在政府工作报告中重申要大力推进社会信用体系建设，建立全国统一的社会信用代码制度和信用信息共享交换平台。本书对与社会信用建设相关的重要文件和政策进行全景式回顾意在表明，社会信用问题对经济社会发展的瓶颈效应日益明显，治理社会信用问题成为深化经济社会改革的必要举措。

从当代西方发达国家的经验来看，现代社会治理社会信用问题最重要的举措是建立社会信用体系。社会信用体系的建设是一项复杂的系统工程：从社会信用体系的内容来看，它包括行业信用建设、地方信用建设和信用服务市场建设三个组成部分；从信用体系建设的主体来看，主要包括个人、企业与政府；从信用体系建设牵涉的具体制度来看，涉及征信中的立法、信息公开制度、失信惩戒制度、独立的司法制度等（汪火根，2013）。社会信用体系建设的复杂性决定了短期内难以整体推进而必须在轻重缓急上有所选择。就中国目前暴露出来的社会信用问题来看，以产品质量低劣、虚假宣传、假冒招牌、剽窃技术、竞相削价、垄断经营等问题为主的行业失信问题占据了主流，这些问题大都集中在与民生密切相关的衣、食、住、行、教育、医疗等行业领域。在信息传递日益便捷的新媒体时代，与民生关系密切的行业失信问题由于民众关注度高而更容易被放大，在这些问题短期内难以解决的情况下，民众又会不自觉地将矛头对准了政府。因此对行业信用问题的整治不仅是完善市场经济的内在需要，更是关系到民众对政府的信任甚至政权的合法性。从这个意义上说，行业信用建设成为当今中国社会信用建设的核心，这在2014年国务院印发的《社会信用体系建设规划纲要（2014—2020年)》中也得以体现。该纲要提出了建设社会信用体系的三大基础性措施，即开展重点行业领域诚信问题专项治理，推进行业间信用信息互联互通以及对失信主体采取行政监管性、市场性、行业性、社会性约束和惩戒。在这三大基础性措施中，前两个措施直接聚焦行业信用问题，后一个措施也将行业性约束和惩戒列为社会信用约束和惩戒的主要手段之一。另外，在现代社会信用体系建设中企业是社会信用体系建设的三大主体之一（另外两个主体是政府和个人)，如生产劣质产品、仿冒他人商标和产品等行业失信问题，其直接的行为主体往往是企业。企业上述失信行为若不能及时加以遏制就容易在同行企业之间相互模仿并蔓延，进而败坏整个行业的声誉。而行业信用建设恰恰是以企业为主体、以行业组织为载体来实施。这更加表明，行业信用建设对社会信用体系建设具有基础性的支撑作用。不难看出，在中国建设市场经济和现代信用社会的进程中，无论从社会信用体系建设的基础性措施还是社会信用体系建设的主体来看，行业失信问题的治理都是社会信用问题治理的重心和重要突破口，而行业失信问题的治理又主要由行业内部的自主治理来实现，这是本书选择行业自治作为研究主题的现实背景。

（二）选择行业共同体作为研究视角的缘由

行业失信问题的治理本质上是经济交易治理。由于人趋利的本能，在自由交换的市场中难免出现以假乱真、以次充好、仿冒、虚报价格等交易失范行为，因此对交易中失范行为的治理始终与交易活动相伴随。从人类治理经济交易失范的实践来看，采用的治理手段主要有三类：市场主体之间一对一的协商即市场治理，来自市场外部的行政监管和法律规制即层级治理，以及市场主体以行业共同体这种长期性合约为载体的自治。在交易成本视阈下，交易主体之间一对一的协商这种市场治理方式主要限于交易规模不大、交易对象少的交易活动。随着交易规模的扩大和交易对象的增多，一对一协商的交易方式因交易成本过大而自动终止。而来自市场外部的行政监管和法律法规，适应了交易规模扩大的需要，它能够以强制性力量来约束市场交易主体遵守市场秩序。但由于信息不对称以及监管者的权力寻租等原因，这种层级治理手段并不是完美无缺的，它可能加重市场中的违规舞弊。而以行业共同体为载体的自治这种治理手段，从理论上说是最为理想的：市场主体通过行业共同体这个长期合约来取代一对一的临时协商，大大降低了交易成本，会员之间长期博弈而不是一次性交易会迫使会员为了长远利益而遵守行规行约；行业共同体与会员企业有着紧密的联系，在行业共同体内部，会员之间有着更为充分的互动和信息交流。行业共同体本身的一个职能就是收集整理行业信息，这就使得违规舞弊信息难以隐匿，违规行为一旦被发现，很容易遭到行业共同体成员的集体排斥。行业共同体与垂直式的科层体制相比，呈现出扁平化结构，在信息传递、协调行动上更加灵活。正因为行业共同体具有这样的优势，以行业共同体为载体的行业自治就日益成为治理市场失范的主要方式。比如说在市场经济成熟的西方发达国家，行业信用问题一般就在行业组织内部自治。这符合市场经济的内在本质：因为市场经济是市场主体自发形成的，在自由交易的市场中，对交易活动加以规范本来就应该主要由市场自身而不是市场外部力量来实施。

当今中国行业信用问题亟须由行业共同体实施自治，其主要原因如下：当今中国以市场为取向的改革在推动经济快速增长的同时，也面临转变经济管理方式的艰巨任务。即为了建设市场经济，政府需要在经济管理方式上加以转变，具体而言就是政府由直接管理转为间接管理，由微观干预转为宏观调控，由行政手段转为经济手段和法律手段。政府职能能否顺利实现上述转变，一个重要前提就是市场和社会的发育成熟。中共十八大以来，政府在市场取向的经济与社会改革上，一再强调政府要简政放权，给予市场和社会更大的活力，实质上隐含着对市场和社会自治的认可。如前所述，在复杂的市场环境中，失信行为难以避免，而这些失信行为难以通过市场主体之间一对一的谈判来解决，同时也很难通过强化政府监管来化解。这首先是因为政府缺乏专业性、与市场主体距离较远而出现信息不对称，政府强化监管可能收效甚微，同时也违背市场经济的本质。其次是政府监管的强化也容易导致权力寻租等腐败现象以及官僚机构的膨胀，这又与政府的简政放权背道而驰。市场和政府在治理行业失信上的双重失灵会驱使市场主体寻求更佳的治理方式，由此自发催生行业共同体来治理行业失信问题。从行业共同体生成机理与治理机制看，在自由竞争的市场中同一行业从业者因分享共同或相似的市场相互间难免有利益争夺，但也存在共同的利益诉求，再加上在同一市场中相互之间沟通便利等条件，使得同一行业从业者相互间极容易形成自发的结社与联合，行业共同体正是这种结社与联合的产物。作为一种以横向网络为基础的社会组织，行业共同体在行业自治中主要以会员之间的相互协商、对话、集体排斥等非正式手段来实施治理，这种非正式治理主要借助行业共同体内部力量来实施。因此在研究行业失信问题的自治中，选择行业共同体作为研究视角是最为合适的。正如有研究所指出的那样，行业协会是一类"私"主体，天然地出身于市场经济活动中来满足各类主体在交易活动中对失信行为予以约束和惩治的需要。行业协会通过制定行规行约对其会员的行为进行约束，要求他们诚实守信，保证所提供的产品或服务具有统一的性能和稳定的品质，保证并提升本行业的信用水准；对会员进行监督评价，及时发现会员的违规、失信行为，并责令改正；对违反行规行约，有违行业信誉的会员予以制裁（姚旭，2010：182）。也就是说，治理行业信用问题是行业组织的天然职责，尽管在市场机制不完善的当今中国，行业信用问题的治理上离不开行业之外的政府和法律等强制性力量，但从以市场为取向的中国经济社会改革的总趋势来看，行业信用问题的治理会逐渐由行业共同体来承担。目前中国的行业组织数量庞大，按照生成方式，这些组织可以被粗略地划分为两大类型：一类是体制内的自上而下改革所形成的行业组织，这类组织带有浓厚的政府背景与色彩，以"国"字号行业组织为代表。另外一类是在体制外主要由民营企业自发组建的行业组织，这类组织以浙江温州的民间商会为代表，本书所选择的行业共同体正是后面这一类民间性、自生自发性的行业组织。

（三）选择温州作为研究个案的依据

在中国版图上温州是个非常独特的地方，它是中国市场经济启动最早、民营经济最发达的地区之一，素有中国市场经济"风向标"和"民营经济之都"的美誉。在20世纪后期，温州还以经济发展中的"温州模式"而闻名。当然，这些只是表明温州在当今中国具有独特性而不构成其作为研究个案的选择理由。本书选择温州作为研究个案，主要依据以下几点：一是在厚重的工商文明和发达的民营经济基础上，温州的民间行业商会和行业协会异常发达。在中国同类组织中，温州的民间行业商会、协会以鲜明的民间性、自发性、自主性等特征而著称。由于本研究聚焦行业自治，在现代市场社会中行业信用问题的治理又主要是以自发的行业共同体作为载体来实施，温州的民间行业组织所具有的自发性、自主性特质非常契合本书的研究主题。二是温州在行业自治上有着成功的经验。20世纪80年代到90年代初，温州出现过量大面广的生产销售假冒伪劣产品行为，这种区域性和行业性的失信行为曾一度使温州产品甚至温州人恶名远扬。但短短十几年之后，温州不仅在产品质量治理而且在行业品牌建设上实现了巨大的飞跃。2008年，温州入选"中国十大品牌之都"。2010年底，温州市拥有行政认定的中国驰名商标30个、中国名牌产品38个，成为国内拥有驰名商标和名牌产品最多的城市之一。由于本书是为了解答"以自发形成的行业共同体为载体的行业自治何以可能"这个问题，在当今中国行业信用问题治理几乎成为社会自治顽疾之背景下，温州的成功经验使得温州个案具有了社会学研究中的典型性，该个案研究所得出的结论或许不能推广到中国其他地区，但是它能够在一定程度上解释以行业共同体为载体的行业自治在中国的可能性。本研究选择温州作为个案的第三个依据是，温州作为中国诸多领域改革的试验田，其在许多领域的改革都走在全国的前列，在社会信用建设和行业信用建设等方面也不例外，而温州在社会信用建设和行业信用建设等方面的改革试点，都与本书的研究主题——行业自治具有紧密的关联。比如说随着改革的深化，政府将行业管理与治理等方面的权限进一步下放，这些职能更多地由行业组织承接，行业组织在行业自治等方面将发挥越来越重要的作用。在这样的背景下，2005年全国整规办、国务院国资委联合印发《商会协会行业信用建设工作指导意见》，对行业组织开展行业信用建设的指导原则、建设内容、实施保障等做了全面部署，其中尤其提出要突出行业组织在行业信用建设中的自主性与创造性的作用。温州本来就是中国行业协会改革的四个试点城市之一（其余三个试点城市为广州、厦门和上海），其行业组织又以机制上的灵活、制度上的大胆创新等特色而著称，因此在行业信用建设上温州对国家层面上的上述政策做出了积极回应。2010年，在温州市政府信用办公室的牵头下，包括温州市服装商会、温州市汽摩配行业协会在内的七个行业协会商会自主申报并经温州市政府信用办公室批准作为首批行业信用建设的试点单位。笔者在温州的实地调研中，温州市服装商会和温州市汽摩配行业协会既是温州市首批行业信用建设的两个试点单位，又是笔者事先决定进行调研的两个行业组织。对此次温州市行业协会商会的信用建设试点实施情况的调查研究，能够从另外的视角比如说温州行业自治的锁定效应等来进一步拓展本书的研究。以上就是本书选择温州作为研究个案的主要依据。

二、研究意义

（一）理论意义

首先，行业自治主要表现为同行从业者在面临行业失序时共同制定并遵守行规行约，行业治理是维护行业秩序的内在需求。在中国传统社会，行业失序问题一般由本行内部从业者自发结成行业共同体来实施自治。在当代中国，以浙江温州民间商会为代表的行业共同体在实施行业自治上亦有成功的经验。本书以历史与现实互为参照来对中国行业自治加以探讨，有助于认识和理解中国行业自治的前提条件、社会基础、治理机制与现实障碍等问题。

其次，行业共同体是一种类似会员制的俱乐部，行业失序或行业信用问题亦被视为一种俱乐部性质的公共资源。长期以来西方学界的主流观点认为，公共资源在治理中因合作困难而难以摆脱"公地悲剧""囚徒困境"和"集体行动困境"，因此这类资源要么交由国家治理，要么交由私人治理。但近年来以美国学者埃莉诺·奥斯特罗姆为代表的公共选择学派在有关公共池塘资源（common pool resources，CPRS）的治理上进行了卓有成效的理论研究。该学派认为，在公共池塘资源治理上不必国家化或者私有化，人类完全可以由社群进行自我组织和自治治理，该理论学派建构的有关公共池塘资源自治的理论分析框架影响力日渐扩大，近年来国内学者对这一理论的引荐介绍也越来越多。本研究试图建构中国行业自治的理论分析框架，在一定意义上有助于与西方自治理论的学术对话。

最后，本研究对我国多元化的社会治理亦具有理论参照意义。近年来随着改革的深化，改革的焦点集中在简政放权。通过政府自身的瘦身来激发市场和社会的活力，由此形成政府、市场、社会等多元力量协同治理，已经成为改革不可逆转的趋势。尤其是近年来中国流行的创新社会治理、推进国家治理体系和治理能力现代化建设、新常态经济等意识形态和政策话语，无一不涉及激活市场和社会力量的问题。由于行业共同体是一种具有经济与社会双重意义的特殊类型的组织，以行业共同体为载体的行业自治因而具有市场和社会双重治理的属性，这就使得本研究对未来我国多元化的社会治理具有一定意义上的理论参照价值。自治强调民众通过共同体来克服公共治理中的集体行动困境，这对于正在强调简政放权、政府瘦身、激活市场与社会活力为内容的中国社会整体性改革与治理能力现代化建设，无疑具有现实的借鉴意义。

（二）实践与政策意义

一是改善市场治理效果，促进市场经济的完善。从 1992 年中共十四大提出建立和完善社会主义市场经济算起，社会主义市场经济的改革已经有二十多年，但二十多年来中国市场经济的发展并不顺畅。从理论上说，市场经济就是信用经济，包括行业信用、商务信用、金融信用、政务信用等在内的社会信用得到良好治理是成熟市场经济的应有之义。但当今中国的社会信用问题并没有因经济增长而得到有效减缓，尤其以与民生紧密相关的行业失信问题为重。在治理行业失信问题上，中国目前无论在政府的行政监管还是法律规制上都极为严格，但这些来自市场外部的治理效果并不明显，它可能与行业内部自治的缺失有关。因为行政监管存在信息不对称和权力寻租等缺陷，而法律规制作用的发挥也需要道德尤其是职业道德的支撑，在分工发达的社会中，职业道德的塑造往往由行业组织一类的行业共同体来实施。从市场经济成熟的西方国家经验来看，其在市场经济治理上政府监管和法律规制能够发挥作用，恰恰是以行业共同体这一类的自组织能够发挥自主治理为前提，行政监管和法律规制这种外力主要发挥着最后的兜底功能。因此对以行业共同体为载体的行业自治加以研究，有助于在中国市场治理实践上探索自主治理的条件和机制，从而促进市场治理效果的改善和市场经济的完善。

二是促进政府职能的转变和中国经济社会的现代转型。在当今中国全面深化改革的进程中，政府职能转变是一个核心的议题。厘清政府与市场、政府与社会等之间的权力界线，既实现经济治理的法治化、市场化，又实现社会治理的法治化和自主化，是中国经济社会转型的目标。从过去的改革经验看，中国改革遵循由经济体制改革向政治体制改革逐步迈进的路径，但政治体制改革在很大程度上又取决于社会领域的改革，社会的高度组织和自治能为政治体制改革提供社会基础的支撑。从中国目前整体性改革的状况来看，社会领域改革滞后对经济与政治领域改革的瓶颈效应越发明显。而社会领域改革的重心，仍然是社会组织的活力激发问题。行业共同体一类的自发性组织作为经济组织（企业）的再组织，既具有经济组织性质又具有社会组织性质。对这种类型社会组织自治的研究，有助于探索如何激活社会自身力量，进而促进政府职能转变和经济社会的现代转型。

第二节　基本思路、内容结构、主要观点、研究方法

一、基本思路

当今中国经济的快速增长带来了诸多的负面效应，在众多行业领域出现不同程度的行业失信问题便是其一，对行业失信问题的治理研究已经成为众多学科共同关注的热点。就国外的一般经验而言，越是成熟的市场经济，政府对市场的直接干预越少，行业内部的自治越显著，因此从理论上说，随着中国市场取向改革的深化，行业自治的趋势也愈明显。但就目前中国行业治理的实际来看，以行业共同体为载体的行业自治的效果并不显著。其中一个重要原因可能是在当今中国有相当数量的行业组织对政府具有程度不一的依赖，行业组织缺乏独立性与自主性。因此本书选择自发生成的具有民间性、独立性和自主性的行业组织（本书用行业共同体概念来指代）为视角来研究中国行业自治。本书总体思路是：首先，对中国传统社会中的商帮、商人行会与会馆、同业公会等实施行业自治的历史经验进行文献研究。这种研究的主要目的在于同当代温州行业自治进行比较，通过这种历时性比较，本书试图发现和揭示从传统到当代中国行业共同体的生成逻辑、行业自治的社会基础与实现机制等方面的历史延续性，在此基础上建构中国行业自治的理论分

析框架。其次，在完成对中国行业自治的理论建构基础上，本书还将进行两个方面的共时态比较，即中国行业自治与西方自治的比较研究，以及体制内生与市场内生两类典型的行业组织治理比较，来探讨中国本土与西方自治的异同和以"国字号"行业组织为代表的体制内生行业组织为何难以实施行业自治两个问题。在中国行业自治的理论框架和这两个层面讨论的基础上，最终提炼本研究的结论。下面用一个流程图来展示本书的研究思路（见图1.1）。

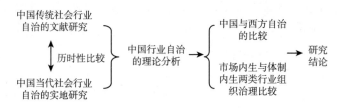

图 1.1　本书的研究思路

二、内容结构

本书由七章构成。

第一章为导论，主要包括以下四节：选题缘由与研究意义；基本思路、内容结构、主要观点、研究方法；研究的创新；基本概念界定。

第二章为文献述评与理论框架，对国内外以行业自治为主题的研究文献进行述评并引出本书的理论分析框架。

第三章为中国传统社会行业自治研究。本章主要从中国传统社会行业共同体的生成与行业自治的社会基础与内在机理等方面展开研究。本章研究目的在于同第四章中国当代社会行业自治的温州地方实践加以比较。

第四章为以温州为例的当代社会行业自治研究。本章主要以笔者在温州的实地调研资料为基础，借鉴了新经济社会学的嵌入性理论、奥斯特罗姆的自治理论等来分析温州行业自治的社会基础与实现机制等问题。

第五章为温州行业自治的理论分析。本章主要围绕温州行业自治的条件、自治的地方性特质和锁定效应、温州个案研究的普适性和学术与政策研究价值等方面展开论述。

第六章为研究发现与理论分析。本章以四个命题的方式对中国传统社会和当代温州行业自治的研究发现加以呈现。理论分析主要从中国行业共同体的本质和行业自治的条件与机制等方面展开论述。

第七章为讨论与结论。讨论部分主要围绕温州行业自治与西方自治的比较、中国体制内生的行业组织与市场内生的行业组织治理之比较等展开，在上述讨论基础上提炼本书的最终结论。

三、主要观点

从中国传统社会到当代社会，同一行业从业者在应对行业内部的竞相压价、相互仿冒、不履行行规行约等行业失信问题时，都有着相似的自治方式。那就是在"同乡同业"的经营方式下同行从业者自发形成行业共同体，在行业共同体中对违规失信行为进行自治。在"同乡同业"经营方式下，经济行动对社会关系的嵌入使得经济活动因社会关系而得以扩展，同时经济行动者之间的社会关系也因为经济活动而得到强化。在"同乡同业"经营方式和社会关系与经济行动相互嵌入基础上自发生成的行业组织，具有同乡组织和同业组织相互交织与重合的特点，尤其是同乡组织往往比同业组织发挥着更为根本性和决定性作用，因此行业共同体与其说是业缘性的正式组织不如说是地缘性的非正式组织，其本质更接近"共同体"。本书将中国传统社会的行业共同体界定为"同乡同业共同体"，将当代温州行业共同体界定为"地方共同体"。以行业共同体为载体而实施的行业自治，需要具备两个前提条件，即社会网络的封闭性和整体性。前者是指由于经济行动与社会关系相互之间的深深嵌入，行业组织成员之间构成一种高度依赖而难以退出的封闭网络，后者则是指封闭网络中不同类型能人的重合保持了网络不会被裂解为不同的小圈子，进而使得共同体的动员更为容易。在这两个前提下，中国行业自治通过权威机制、声誉机制、信任机制和关键群体机制等实施。本书的最后结论主要是：第一，行业自治是在自由竞争的市场环境下发生；第二，行业共同体是在"同乡同业"的经营方式下形成，它具有地缘组织和业缘组织共生的特质，组织的地缘性色彩更为浓厚，因此这类组织本质上是非正式的关系网络；第三，以行业共同体为载体而实施的行业自治，并不是依赖正式的文本制度而主要依赖非正式的力量如私人关系、社会声誉、信任、脸面等来发挥对成员的约束作用，因此中国行业自治主要依赖非正式力量得以实现。

四、研究方法

本研究属于质性研究，采用的研究方式主要为实地研究。实地研究中最为核心同时也是最为困难的环节之一，是获准进入。在赴温州进行实地调研之前，笔者主要进行了两个方面的准备，一是准备了南京大学开列的介绍信，二是在熟人和三位温州籍友人牵线下，事先与可能要访谈的对象取得联系。2011年9月22日，笔者从南京启程开始了赴温州的第一次调研。到达温州后直接与事先联系好的温州市某公司总经理F先生取得联系，F经理与我闲聊半小时后，用电话帮我联系了温州市Q行业协会秘书长兼常务副会长H先生。F经理告诉我，H是温州市Q行业内的名人，同时也是一位非常热心的老人，他经常接待来温州从事调查研究的官员和学者。与H先生短信联系后，我们确定了见面的时间和地点。第一次访谈时间为2011年9月26日下午，访谈地点为位于温州市某商务大楼内的温州市Q行业协会办公室。这次访谈以闲聊为主，算是为下次访谈预热。笔者借此次闲聊了解了包括温州市Q行业协会在内的温州民间行业组织发展的总体状况。H先生建议我去温州市经信委和温州市总商会去进一步了解温州市行业组织发展状况。笔者与H先生约定，下次再约他进行正式的访谈，H先生爽快地应允。2011年9月28日，笔者带着介绍信来到温州市政府经信委，说明来意后负责接待的工作人员告诉我，他们部门只是温州市行业协会的业务主管单位，并不负责行业组织的具体事务，对于有关温州行业组织的信用建设问题，应该去询问相关的行业组织负责人和政府市政府信用办公室负责人。在温州市经信委接待同志的引荐下，笔者走进温州市政府某办公室，当办公室负责人L知道我是南大的博士生时非常兴奋地告诉我，他和我是南大校友，本科从南大毕业后直接分配到温州市政府工作。我在温州的调研，L起到了很重要的作用。因为我原先计划是调研行业信用问题的治理，后来通过与L的多次闲聊才知道，温州是中国第一个进行地方信用建设的地级市，同时也是中国第一个进行社会信用体系建设试点的地级市，在2010年温州又进行了行业协会商会的信用建设试点，Q协会和后面调研的F商会都是信用建设试点单位。于是在第二次访谈温州市Q协会秘书长H和访谈温州市F商会负责人之前，笔者又对事先准备的访谈内容进行了修改，主要增添了行业协会诚信自律建设试点实施方面的情况，本书第五章中关于温州行业自治的"锁定"效应部分在笔者先前的研究设计中并没有涉及，在与L的访谈后笔者对此进行了增补，进而使得本书的研究进一步得到充实。

在温州另外一个行业组织温州市S协会的实地调研，主要得益于熟人介绍的两位银行行长Y和G，两位行长告诉我，这次要访谈的S协会副会长单位与他们银行有着长期的业务关系，同时他们相互之间私人关系也很好。在其中一位行长的陪同下，我们一同前往S协会副会长C董事长的公司总部进而得以对C董事长进行了访谈。

在温州市F商会的访谈就没有那么顺利。由于笔者在温州实地调研期间，恰逢温州老板因资金链断裂出现"跑路"风潮，最终引爆了温州民间借贷危机，当时无论是温州地方政府还是民间商会，都将主要精力投入防范和控制民间借贷危机的蔓延，再加上缺少熟人的引荐，使得笔者难以进入温州市F商会。在2011年12月，笔者去金华拜访十五年未曾谋面的在浙江师范大学任教的大学班主任L老师，刚好他的一个硕士生ZL也来金华与他探讨毕业论文之事，当我得知ZL是温州永嘉人时，我就询问她是否在温州市F商会有认识的熟人时，她告诉我，她的中学同学现在就任职于温州市F商会，她可以帮我牵线搭桥。这对于我来说几乎就是天大的喜讯。因为温州市F商会是温州最著名的民间行业组织，它是全国第一个在会长选任上实行差额选举并且由业内企业老总担任专职会长的民间商会，温州F商会更因其自主性治理而著称，若不能对温州市这个最典型的民间商会进行调研，本书的温州个案研究将会黯然失色。在ZL的中学同学W的引荐下，笔者得以顺利地与服装商会会长Z先生和常务副秘书长C先生进行访谈。

除了得到上述调研对象的帮助外，笔者在温州的调研还得到宗亲WH的帮助。WH在温州乐清柳市镇从事注塑加工多年，柳市镇是中国最大的低压电气集群基地，WH的注塑加工属于这里低压电气产业链的末端。笔者在温州后半期的调研主要借住在WH租房内，他为我引荐和介绍了一些温州老板。当他有客户来进行交易时，他就会通知我去他的企业，这使得我得以现场感受产业集群下上下游关联企业之间的信用结算和交易方式。尤其是许多次与WH 的闲聊，使得我对温州产业集群下企业之间的信任和信用交易等问题有了更为深入的感知。

作为一个外来者，若没有熟人的引荐介绍，访谈将难以进行。笔者与温州民间商会负责人、温州市政府信用信息中心负责人和民营企业老板 30 多人次的访谈，大都是通过一层一层的熟人介绍得以进行。这些访谈大部分都是结构访谈，即根据事先准备的访谈大纲进行，还有一些是围绕主题进行无结构访谈。在资料收集上，当运用结构访谈法时，笔者根据事先准备的访谈大纲和访谈问题（参见附录）进行提问并迅速记录，对于未能及时笔录的则在访谈结束后马上进行补记。对于无结构式访谈，主要采取事后追记的方法。

受制于各种主客观因素，本研究所获得的资料质量还是受到一定的影响。首先是样本选择的代表性问题。比如说有关中国传统社会行业自治研究中，本书并没有对所有行业以及有关行业自治的材料进行全面整理，而是根据自己能够搜集的文献材料来进行解读。文献材料上的这种处理难免给人留下削足适履或者说选择性呈现的印象。在关于温州行业自治的个案研究中，本研究也没有进行严格的概率抽样，而是根据现场进入的便利选择了温州市 Q 行业协会、温州市 F 商会、温州市 S 协会等若干个行业组织，这几个行业组织并不能代表温州行业组织总体。由于行业组织样本没有代表性，因此以这几个行业组织为例对其行业自治研究的结论就不能轻易进行推论。其次是研究结论的客观性和普适性问题。由于行业自治受多种因素影响，如行业规模、行业性质等，本书并未将这些因素纳入研究，这使得研究结论的客观性受到影响。温州是一个以轻工业闻名的地方，尤其是与民众日常生活用品紧密相关的行业如鞋业、服装、打火机、制笔、剃须刀、低压电器等极为发达。这些行业大都技术含量和进入门槛都低，但产业集聚程度高。因此本文关于温州的个案研究实际上是以产业集聚程度高的轻工行业为例，研究的结论并不能推广到温州其他行业。此外无论从社会文化还是政治环境等因素看，温州都是与中国其他地方具有很大差异的区域，这使得本研究的结论在推论到中国其他地方时应慎重。最后，本研究所获得的资料质量还受到下面这个客观因素的制约，那就是研究者作为外来者，无法用温州方言与调查对象进行交流。笔者在温州几个月的实地调研中逐渐感觉到，温州是一个内部紧密抱团的圈子社会，是否为温州圈内人的一个重要标识是温州方言。笔者也就此与一些访谈者闲聊起温州方言时，这些访谈者告诉笔者，温州有许多外来务工人员，他们有的在温州生活十几年，仍无法完整地听懂温州话，遑论使用温州话交流。语言上的这种障碍一方面使得笔者很难在访谈中听懂弦外之音，另一方面也很难在短期内取得研究对象进一步的信任和进行更深入的访谈，进而使得资料的深度挖掘受到影响。

第三节　研究的创新

本研究的创新主要体现在以下几个方面。

一是社会学学科的介入。目前学界关于共用资源自治的研究大都是从经济学和公共管理等学科展开。西方学界以奥尔森的"集体行动的逻辑"和埃莉诺·奥斯特罗姆的共同体治理理论为代表的相关研究，成为国内外学界研究公共资源治理的主流范式。本书试图从社会学学科中援引嵌入性理论来对自治研究加以拓展。在嵌入性理论视角下，本书不仅关注中观层面社会关系网络对经济行动的影响，也同时关注微观层面行动者对关系网络的建构作用，社会学学科的介入有助于对经济学和公共管理学的相关研究形成补充。

二是本土研究视角。现有以行业自治为主题的研究基本上都是以西方理论为参照，由于中西方社会文化的差异，这种理论上的盲目移植可能存在水土不服的问题，因此本书试图从本土性的研究视角对现有研究加以突破。具体而言就是尽可能从中国行业自治的历史文献和实地研究所获得的鲜活资料来建构一个适切中国本土实际的行业自治的理论框架。在此基础上揭示中国行业自治的内在机理和建构相应的解释框架，以便与西方相关研究形成学术对话。

三是以往有关行业自治的研究主要根据行业组织的章程和制度文本来对进行推断，但这些章程和制度文本与它们在实践中的实际运作可能并不一定吻合。本研究拟通过深入的访谈法来把握行业组织规章和制度的实践样态，以及制度文本之外的其他因素对行业治理的影响。在本研究中，访谈法的运用能够对文献法构成某种证实或证伪的功效，这有助于呈现行业自治隐秘的逻辑和内在机理。

第四节　基本概念界定

一、信用

从目前学术界的研究来看，有关信用的研究涉及经济学、政治学、伦理学、法学、哲学、社会学、公共管理学等众多学科，相关的研究成果更是不计其数。但是从笔者目前查阅的文献来看，这些研究在概念术语的使用上却比较混乱，如将信用、信任、诚信等术语相互混用，甚至在同一篇文章中出现明明在研究同一个问题却使用不同术语的现象。有鉴于此，本书认为有必要厘清信用以及与信用最接近的几个概念。

在《汉语大辞典》等工具书中，"信用"主要有以下四个方面的含义：（1）以诚信使用人；（2）相信和采用；（3）以能履行跟人约定的事情而取得信任；（4）不需要物资保证和立即支付现金而以信任作为保证来交易。（汉语大词典编写组，2001）上述四个方面的含义中，第一和第二个方面的信用含义很少在学术研究中使用，而第三和第四个方面的信用含义在学术研究中使用得比较多，其中第四个含义主要用于狭义的经济学尤其是金融学的研究。由于本文是在社会学学科中研究信用，因此本书中的信用概念主要是指第三个含义，即信用是因为履约而获得的信任。为了更好地理解信用、信任、诚信等概念之间的差别，我们把这几个概念放置在经济交易活动中加以比较。

从信用的本质来看，它可能主要产生于经济交易之中。有研究认为信用与社会分工和商品交换的出现有关。即随着社会分工的发展，一方面出现了剩余产品进而形成了交换的需要；另一方面又因为剩余产品属于不同的所有者而必须通过交换，在商品交换中内生出信用（李建平等，2014：86）。但是除了经济交易活动需要信用来保证外，人类其他的社会交往活动尤其是需要群体协作的活动，也需要信用来为双方的协作提供稳定的预期。但是无论是经济交易还是社会交往，看似以信用来维系，其实在信用的背后仍旧是信任为支撑，缺乏信任交易将无法达成。在现代社会，以现代契约、制度等作为信用保证的各种交易活动，其实也以对这种契约和制度的信任为基础。正如有人所指出的，没有人们对政府的信任，国家就不可能发行国债和行信用货币，国家信用便难以存在；没有人们对金融交易契约的信任，也就不可能产生信用衍生产品（王建红等，2012：144）。因此任何信用的基本内容首先是信任，即"心理上的信任是一切信用形式的共同基础，是人类社会有序发展的基础"（吴晶妹，2002）。

"诚信"从字面上的基本意思是诚实守信，它的基本含义是一个人语言与行为之间、思想与行动之间等方面的一致性，如"言必信、行必果"，或者"内诚于心，外信于人"。诚信与信用概念的联系主要在于，诚信是信用的道德基础，一个不讲诚信的人是没有信用的，不值得别人信任。诚信与信用概念的区别主要在于，前者属于个体道德品质范畴，缺乏来自个体外力量的约束，后者属于个体之间交互关系范畴，受到个体外部力量的约束。

有关信用、信任、诚信几个相关概念在学术研究中的混用，国内有学者将其原因解释为学科之间的学术壁垒导致概念使用上的差异、中国学术缺乏自身的概念和理论建构以至于将以"信"为核心的学术研究人为加以切割（翟学伟，2011：109）。本文是从社会学角度来研究信用，主要表现为从社会关系层面视角切入，即在社会关系或社会互动中对对方言行的预测及前因后果有把握和不怀疑（翟学伟，2011：108）。这种把握性的获得主要源自互动双方之间的社会关系而不是个体道德层面的诚信和外部的契约和制度。

二、行业信用

在社会信用体系建设中，行业信用具有举足轻重的地位。在政府文件中较早提到行业信用概念的，是2005年11月25日全国整规办、国务院国资委联合印发的《商会协会行业信用建设工作指导意见》简称"指导意见"。该意见将行业信用建设与行业信用体系建设放置在同一个概念上使用并将行业信用建设作为商会协会履行的基本职责。而学术界以行业信用为标题或主题的研究文献以及各个地方的政府文件，大都使用行业信用体系这个术语，该术语基本上是对社会信用体系建设概念的套用，国内很少有对行业信用概念做出较为精准和权威的界定。根据指导意见精神，本书将行业信用体系建设的主要内容概括为以下几个方面：行业信用信息数据库建设、行业信用信息服务机制建设、行业信用监管机制建设、对行业内主体失信惩罚机制建设等。它强调利用现代信息化管理方式对市场主体加以约束。考虑到本书的研究主题是行业自治，关注的焦点是行规行约如何执行，采用何种方式对违规失信行为加以制裁，行业组织内部如何集体行动等问题，因此本书的行业信用概念主要指向在行业共同体中以何种方式来保证行业内所有成员遵守行规行约以维护正常的行业秩序。至于现代行业信用体系所涉及的行业信用信息化管理等，不属于本书关注的内容。

三、行业自治与行业自律

自治是特定的群体自己组织起来，在不依赖外部代理人的情况下，为解决群体所面临的共同问题，增进共同利益而进行自主协调，并由此制定相应有效的制度安排（陈剩勇、马斌，2004：31）。而行业自治，本书将其界定为同一行业从业者就行业内的制假仿冒、剽窃技术、低价竞争、虚假宣传、爽约失信等损害同行利益和败坏行业声誉等行为，借助于行业章程和自律公约等，通过平等协商和对话、内部通报等沟通方式，以行业道德规范、行业内社会舆论、行业内集体排斥和抵制等非强制性力量来维护行业声誉和市场秩序的一种非正式的治理方式。这个概念与行业自律很容易混淆，这是因为行业自治与行业自律这两个概念之间既有较多的联系又有细微的区分。从相互联系方面看，它们都与行业组织或行业共同体相关。行业自治是行业成员借助于行业组织或行业共同体这种载体来解决行业成员之间的仿冒等侵害同行企业的违规失信行为。行业自律也与行业组织相关，行业组织的最重要职责和功能就是行业自律，行业组织借助于行业自律公约以及其他非强制性的约束如行业道德规范、同行压力和集体排斥等内部制裁来规范约束会员。由于行业组织或行业共同体与会员之间具有天然联系，它本身就是会员之间在频繁互动基础上自发形成的社会团体，在专业技术、信息获取、沟通协调等方面比政府这一类市场治理主体具有优势，这就使得无论是行业自律还是行业自治都倚赖行业组织或共同体。

但是行业自治与行业自律这两个概念之间仍旧存在细微的区分。从广义上说，行业自律作为市场治理中由本行业自我治理的一种方式，主要包括两个层面的治理：第一个层面属于行业的内部治理，一般由行业组织加以实施，如对产品质量的检查监督、行业标准的制定、对行业纠纷的调解、对违规行为的惩戒等，从惩戒方式上说这种内部治理属于非强制性的业内惩戒；第二个层面属于行业的外部治理，由政府和其他外部力量加以实施，主要对同行企业组织起来开展的各种反竞争行为（如价格联盟、市场分割、集体抵制等）加以约束和监管，从惩戒方式上看这种外部治理属于强制性的第三方制裁。在市场治理中之所以需要这种强制性的第三方制裁，是因为行业组织作为小集团利益的代表很容易出现损害行业外他人利益的自利行为，这种损人利己行为很难由行业组织自身进行约束，因此有必要由政府和法律等外部强制性力量对其加以约束。本书所探讨的行业自治主要涉及行业自律的第一个层面，即由行业组织实施的行业内部治理。借用"委托—代理"理论框架可以更清晰地理解这两个层面的概念。行业组织实际上介于会员企业与政府之间的一种双重代理关系。就行业组织与会员企业而言，会员企业为委托人，行业组织为会员企业的代理人，行业组织通过将外部性内部化而构成俱乐部组织，行业信用问题由此成为一种俱乐部资源，本书所讨论的行业自治也主要局限于在行业组织这个俱乐部内部进行治理。就行业组织与政府关系而言，政府是委托人，行业组织是受政府委托来履行行业管理的代理人，这样它就成为具有一定公共性的组织。作为公共性组织的行业组织，会更多地与政府、其他企业以及其他利益相关者打交道，履行一定的公共治理职能，这种职能的履行就属于行业组织的外部治理，它不属于本书的讨论范围。

也就是说，行业自治只涉及本行业内部会员企业之间的关系，而行业自律不仅涉及行业内会员企业之间的关系，也涉及本行业与行业外的消费者、合作伙伴和社会公众等之间的关系。例如，当行业组织实施价格联盟时会对消费者和社会公众利益构成损害，当行业组织实施市场分割时会对技术和服务质量的提高形成阻滞等等，这是由行业组织天然的共谋本性所决定的。对行业组织诸如价格联盟、市场分割等反竞争行为的约束虽然也属于行业自律的范畴，但是很显然依靠行业组织自身是无法实现它对外部消费者、社会公众的自律，因此需要外部的政府监管和法律规制。正如一位研究者所指出的，自律并不意味着一个完全消极的政府，在政府的介入威慑下，自律才能有效实施（郭薇，2011：28）。国外成熟完善的市场经济下，行业自律尚且不能完全由行业组织完成，对于市场经济有待进一步完善的中国而言，行业自律的实现更不能没有来自行业外部力量的规制。因此本研究所指涉的行业自律既包括行业组织在内部会员之间的行业自治，也包括政府和法律对其进行的外部规制。但是就现代市场经济的本质而言，行业自律仍主要由行业组织来实施。在目前中国对行业协会自律职能加以规定的文件中，以2007年5月13日国务院办公厅下发的《国务院办公厅关于加快推进行业协会商会改革和发展的若干意见》（俗称"国务院36号文件"）最为权威，其对行业协会自律职能的表述如下：行业协会担负着实施行业自律的重要职责，要围绕规范市场秩序，健全各项自律性管理制度，制定并组织实施行业职业道德准则，大力推进行业诚信建设，建立完善行业自律性管理约束机制，规范会员行为，协调会员关系，维护公平竞争的市场环境（郭薇，2011：182）。从这段文字不难理解，行业自律主要由行业组织负责实施，它构成行业组织的主要职能。而行业信用虽然也是由行业组织实施，但主要限于行业职业道德、行业诚信建设等。另外，行业自治的意思是自己制定规则并自己负责规则的实施，其权力的效力一般来自内部，而行业自律强调的是自我约束，但这种约束力量既可能来自内部，如道德上的诚信，但也可能来自外部，如政府监管和法律规制形成的威慑力。从这个意义上说，行业自律的外延要大于行业自治。

四、行业组织与行业共同体

在研究综述中本书已经提到，目前国内学界研究成果中，许多以某协会命名的行业自律研究，并没有对作为经济类社会团体的行业组织（如同业公会、行业协会、商会等）和职业类社团组织（如注册会计师协会、律师协会）和专业类社团组织（如医学会、法学会）加以明确区分。实际上，行业组织与职业类、专业类社团组织还是有区别的，二者之间的区别主要体现在会员构成和价值导向上。从会员构成上看，行业组织的会员主要为法人性质的企业，而职业类和专业类的社团组织的会员主要为自然人；从价值导向上看，行业组织具有强烈和显著的经济利益导向，追求的是小群体利益，这是行业组织天然的本性。而职业类和专业类社团组织一般倡导平等、公正、正义、自主等价值，往往追求超越物质利益和小群体利益的价值理念。鉴于此，本书所指的行业共同体，主要是指传统社会的行会、商人会馆、同业公会等自发生成的工商同业者组织，就当代社会而言主要是工商领域内的民间商会和行业协会。

在本书中，行业共同体主要包括行业协会和行业商会这两种类型。它们都是市场上相同或相关的企业自愿组成的一种从事行业自律、监督、管理和相关市场服务的社会组织。但从学理上看，这两种组织还是有差别的。狭义的商会是一种综合性（不分行业）和地域性较强的社会中介组织，而行业协会则是同行业内部由企业组织起来的一个中介组织，它的行业性特征更接近行业组织概念。另外，从生成机制角度看，在中国东南沿海地区，属于地方性的体制内生成的行业组织一般叫作行业协会，业务主管单位一般是当地的经贸委，而体制外生成的行业组织叫作商会，业务主管单位是当地的工商联。在浙江等民营经济发达的地区，一般将那些业务主管单位或挂靠单位为政府相关部门的行业性社团称之为行业协会，而以工商联来组建的行业性社团组织叫作商会。就笔者在浙江温州地区的实地调研来看，行业协会和商会在行业自律和行业治理上的职能几乎没什么区别。尤其是随着近年来行业协会商会登记制度的改革，原来的双重管理体制逐渐松弛①，二者之间的差别日益缩小，因此本研究中的行业组织对行业协会和商会内部的细微差异不再做区分。当然，需要说明的是，在今天的温州，商会也有很多种类型，如异地温州商会、温州总商会等。本研究中的温州民间商会是指在温州当地从事同一行业的企业所组建的行业组织，它与异地温州商会以及温州总商会等概念是有区别的，因为异地温州商会和温州总商会是不分行业而地域性特征明显的社会组织。

从中国行业组织的生成机理来看，目前主要有两种类型行业组织，一是自上而下的体制内生的行业组织，这一类组织是政府出于职能转移的现实需要而设置，行业组织与政府之间的联系比行业组织与会员企业之间的联系更

---

① 所谓的"双重管理体制"是指社会组织在登记注册时，需要同时受两个管理系统的监管：业务主管单位和登记注册单位。业务主管单位负责社会组织的业务指导，当然也要承担相应的连带责任。而登记注册单位主要负责一般程序性的监管，如年度检查和考核等。

为紧密，这主要体现在：行业组织主要扮演二级政府角色来履行原先由政府部门负责的行业管理职能，它不是市场经济意义上的自发形成的行业共同体。另外一种类型是自下而上的体制外生的行业组织，它是在市场机制比较灵活的民营经济下由民营企业自发组建，具有较高的独立自主性，本书研究的行业共同体正是这种类型的自发形成的行业组织。

| 第二章 |

文献述评与理论框架

第一节　国内外研究文献述评

从广义上说，行业自治可以被视为一种行业内部同一行业从业者之间在行业问题治理上的自我约束，它一般以行业组织为载体来实施，国外学界更多地是以行业自律概念来概括它。另外，从行业信用的属性来看，它是一种俱乐部性质的共用资源，对行业信用和声誉的维护会为行业内会员带来益处，但在行业内部也可能存在"搭便车"行为进而使得自治难以实施。因此下文对国外研究文献的述评主要从行业自律和共用资源治理两个方面展开。

一、国外研究文献述评

（一）国外学界关于行业自律的研究

行业自律（industry self‐regulation）作为一种主要由行业协会实施的市场治理手段，是西方市场经济发展的产物。也就是说，只有在自由竞争的市场经济下，行业自律才可能出现，同时行业自律反过来也会推进市场经济的完善。从目前笔者所能搜集的资料来看，国外学界的相关研究成果主要有：一是有关行业自律的实现条件，以马格特·普利斯特的研究最为系统。他从管制的私有化角度，将行业自律的实现条件归纳为以下几个方面：相对较少的行业成员、高额的退出成本、合作的历史、行业内可以利用的监管专家等资源、不服从行为能够受到惩罚、公平的纠纷处理机制、公众参与或监督等等（Priest，1997 - 1998，29：233 - 299）。二是关于行业自律的本质及其特征，代表性的观点认为它是由社会组织或协会创建规则并监督对规则的遵守和执行，它具有三个基本特征：自律是对特定社会团体行为的监管、自律存在于团体内部的规章中、团体内部规章对团体成员具有可执行性（Eijlander，2005：102 - 114）。三是行业自律的规制内容。诸多研究对行业自律的规制内容看法接近，认为其规制主要有披露产品信息、监督欺诈性行为、产品的级别分类、最低质量与安全标准的制定、创建行业守则等（Garvin，1983：37 - 52；Gupta Lad，1983：416 - 425）。四是关于行业自律的形成动因，主要以雷诺克斯（Lenox，2006：677 - 690）的"成本收益论"为代表，认为企业参与自律是为了获得"参与附带"的收益，只要"参与附带"的收益大于参与的成本，企业就会有参与自律的积极性。五是关于行业自律的类型，埃吉兰德（Eijlander，2005：102 - 114）有关行业自律的三分法影响力较大。他将行业自律分为纯粹型自律、替代型自律和条件型自律。

　　西方学界有关行业自律的文献极为丰富，上文的综述主要是梳理其大致的研究方向。之所以不对其做更进一步的细致梳理，是因为西方社会的行业自律嵌入在较为成熟的市场经济体制中，自由企业制度、有限政府、完备法治、自由结社等外部环境等赋予了行业自律较大的空间，行业组织内部围绕行业信用问题的自治并不是西方学界关注的重心，其更多地关注行业组织作为小集团利益的代表，有可能出现损害其他市场主体和社会公众等公共利益，如同行之间联合起来集体提高价格、某些行业在市场竞争中违反自由竞争的市场原则如垄断等。这些问题从广义上说也属于行业信用问题，但它很难由行业组织自身来解决，需要从政府监管和法律规制等外部力量加以解决，这便是西方学界行业自律研究的重心，即关注行业问题的外部治理，但本书研究的主题是行业内部治理问题，因此有关行业自律的文献介绍不做详细展开。

（二）国外学界关于共用资源自治的研究

　　对经济交易活动采用何种治理方式来促进交易达成和维护市场秩序，是经济学和组织学等学科研究的重要话题。在西方新制度主义经济学流派出现之前，有关经济交易活动的治理，主要围绕究竟是采用以自由竞争为手段的市场治理还是以权力干预为手段的层级治理展开探讨。自从交易成本概念提出后，市场和政府之外的以共同体为载体的第三方治理机制逐渐引起西方学界的关注和研究，这种第三方自治就是本书探讨的主题。西方学界有关这方面的文献极为丰富，本书将主要从两个角度对这些研究成果加以论述：一是对经济交易活动自治的研究，二是共用资源自治的研究。然后对国外的研究成果做一个总体的评价。

1. 国外学界对于经济交易活动中的自治，主要焦点集中在交易主体如何在没有外力强制约束下自发形成对各自行为的约束以维系交易秩序。

从学科视角上看有关这方面的研究主要有两个分析路径。第一，经济学的分析路径，以新制度经济学为代表，采用的理论分析工具主要是交易成本理论。交易成本理论认为交易活动采取何种方式进行治理主要取决于交易成本。该理论的代表人物威廉姆森指出，影响经济交易治理方式的因素主要有交易频率、资产专属性和环境（行为）的不确定性等。具体而言，当交易频率、资产专属性和行为不确定性三者都高时，适合于采取层级治理的方式；当三者都低时，适合于采用市场治理的方式。此外他还提出网络治理方式的概念，他视网络治理为介于市场和层级治理之间的一种过渡形态（Williamson，1996）。其实，威廉姆森提出的网络治理就是市场治理与层级治理之外的第三种治理，即自治。鲍威尔则在此基础上明确地将网络治理视为既非市场亦非层级的第三种治理方式，它具有自己特有的治理机制和规则。他将这三种机制和规则进行比较后指出，市场治理依靠价格信号为沟通手段，以市场交易契约和讨价还价为治理机制；层级治理以流程命令为沟通手段，以层级雇佣关系为基础，依靠层级内权威协调来加以治理；第三种自治以互惠、信任为基础，以相互协商和声誉机制来治理（Powell，1990：295－336）。交易成本理论范式对交易活动中自治的研究还体现在制度主义分析之中。例如，格雷夫等人对中世纪地中海沿岸的马格里布商业联盟的研究中指出，在远程贸易中，远道而来的商人与交易中心的统治者之间存在着信息不对称，后者在利益的驱逐下可能会违约进而损害远道而来的商人利益，商人出于维护自身利益的考虑而成立商人联盟。当交易中心长官损害商人联盟中任何一个商人利益时，商人联盟将通过信息传递来停止贸易、组织罢市等集体行动，从而使得商人与交易中心的交易秩序得以维系。很显然，马格里布商人联盟发挥着自我组织的功能，通过信息共享和组织集体行动来对违约者惩罚，从而实现对交易活动的自治（Greif, 1993: 525 - 548; 1994: 745 - 775）。在中世纪的远程贸易中除了作为第三方私人治理机构的商人联盟外，还有商法仲裁者。米格罗姆等对 12～13 世纪南北欧之间的香槟酒交易会的研究发现，不同地方的商人在交易会上相互签约，在没有强制性的法律实施下保证了交易合同的实施，这是因为商人们发展出了商法仲裁者来负责聚集和传播信息，调解交易纠纷（Milgrom, North & Weingast, 1990: 1 - 23）。

美籍日裔学者青木昌彦也以"比较制度"为分析框架、以域为分析基本单位研究过交易的治理问题。他指出，随着交易范围的不断扩展潜在的交易者无法事先识别潜在的交易伙伴，这时第三方就有必要代替直接的交易伙伴成为非人格化交易的治理手段（青木昌彦, 2001: 63）。这种第三方私人实施的治理实质就是自治，它的实现一般需要具备以下两个条件中的之一：一是改变成员之间的信息结构使得不合作博弈变为合作博弈；二是对欺骗者实施集体惩罚（转自冯巨章, 2010: 154）。

第二，社会学的分析进路。社会学学科诞生的一个背景就是经济与政治领域的革命引发了社会变迁，导致人与人、人与社会等方面的关系出现了重组，如何在变迁社会中实现社会秩序的稳定，成为那个时代的主要学术旨趣。在社会学形成和发展的早期，有关经济交易活动的自治现象和社会成员如何集体行动等问题，自然也逃不脱那个时代社会学者的学术视野。有关这方面的学术研究，以社会学经典时代的大师爱弥尔·涂尔干和马克斯·韦伯为代表。涂尔干认为，随着社会分化尤其是社会分工的发展，作为全体成员遵守的共同道德对个体的约束越来越小，那么怎么去应对这种道德生活的去中心化呢？涂尔干指出，在社会分工发展的同时社会中会出现越来越多的将从事同一职业的个体结合起来的职业群体（他也称之为法人团体）。这些职业群体包含着各自的道德即职业伦理。个体虽然能够在社会分化下摆脱共同道德的束缚但却不得不受职业伦理的约束（涂尔干, 2001）。在这里，涂尔干已经涉及职业信用与行业自治的议题了。尤其是在分工更为精细的现代社会，职业与行业对于个体来说极为重要，因为任何人都要通过从事某一职业或行业来获取生存的资源，进而使得由职业群体或行业组织在群体和组织内部对从业者施以职业道德和行业信用上的约束，这便是行业信用的自治。韦伯也对社会经济生活中的失范问题进行了关注，他的思想可以用"团体身份印记"概念来概括。他认为，在社会成员通过团体形式开展经济活动中，团体中的每一个成员在享受团体身份带来的益处时，也会受到团体的约束。这种约束就是他所表述的，"诸如医生、律师等职业团体，对付内部捣蛋成员的典型强制手段，就是将他们排除于团体及其一切物质性与观念性的利益之外"（韦伯，2004：203）。涂尔干和韦伯为代表的经典社会学家在行业自治上的社会学分析进路，可以概括为：社会组织对个体成员的吸纳使其对成员发挥着隐性担保和内部监督的作用，社会关系对经济活动具有约束作用。随后，社会学对交易活动自治的这一分析路径长期沉寂，一直到20世纪80年代随着格兰诺维特对"嵌入性"理论的阐述，这一分析路径逐渐变得重要和有影响力。格兰诺维特认为，任何经济交易活动都是嵌入在社会关系网络中，交易活动的达成需要以信任为前提，同时信任也会降低交易成本，从而对交易治理构成影响（Granovetter，1985：481 – 510）。

2. 国外学界关于共用资源治理和集体行动的研究。

行业信用作为会员企业所面临的共同问题，一般也被视为行业内的共用资源或公共物品，因此在文献综述部分将对有关共用资源治理和集体合作的相关文献加以回顾。

对于共用资源很容易被耗尽而难以保护的问题，很早就引起西方学界的关注。从学术史的角度看，对有关共用资源治理中的集体合作问题，主要有以下几个代表性的解释范式。一是哈丁（Hardin）的"公地悲剧"（the trage-dy of the commons）理论。哈丁站在一个理性放牧人角度论证，每一个放牧人都想在牧场这个公共地上放牧更多的牲畜来获利，但只承担因此造成牧场退化所带来的一分损失，人人都在追求自己的最大利益，结果导致所有人利益的毁灭（埃莉诺·奥斯特罗姆，2012：3）。第二个解释范式是博弈理论中的"囚徒困境"理论。该理论的基本假设是，无法相互交流信息的博弈双方，在不知道对手选择策略的情况下，每一方都会倾向选择背叛对方使自己的境况更好。双方若都选择不背叛对双方都能获利最大化，但这种结局很难达到。该理论将人假设为理性人，认为个人理性策略会导致集体非理性结局，这个理论解释的就是典型的不合作问题。第三个解释范式就是曼·奥尔森的"集体行动困境"理论。奥尔森是美国公共选择理论的主要奠基人，他针对集体理论中有关具有共同利益的群体中的个人会为实现这个共同利益而采取集体行动的乐观主义观点提出了挑战。他指出，"除非一个集团中人数很少，或者除非存在强制或其他某些特殊手段以使个人按照他们的共同利益行事，有理性的、寻求自我利益的个人不会采取行动以实现他们共同的或集团的利益。"（奥尔森，2011：2）奥尔森在集体行动理论框架中提出了著名的"搭便车"概念，即在公共利益下，个人投入集体行动的边际代价往往大于边际效益，个人出于理性选择会倾向于搭便车，由此导致集体行动失败。奥尔森认为，只有在群体规模有限的前提下，小群体利用"有选择的激励机制"才能鼓励人们参加集体行动进而杜绝搭便车的行为。

上述有关共用资源治理中不合作难题的探讨有一个共同点，即都是以经济学的"理性人"作为研究的预设而忽略了人与人之间的社会联系。即便如奥尔森提出了选择性激励等概念而涉及社会关系的议题，也难以改变这一类理论的主旨。但实际上，在现实的社会中一些社群在共用资源治理上却有着良好的合作。在研究如何成功治理共用资源问题上，两位美国籍学者在理论研究上取得了巨大的成就。第一位是美国印第安纳大学教授、2009年诺贝尔经济学奖获得者埃莉诺·奥斯特罗姆。奥斯特罗姆对上述三种代表性的理论解释并不满意并试图加以挑战，她以全球范围内大量公共池塘资源（common-pool resources）的治理为案例，建立了有关公共池塘资源自主组织和自治理论框架。她认为，对于具有公有产权而具有排他性使用特点的公共池塘资源，自治是一种理想的治理机制。通过自主制定宪法规则、选择规则和操作规则，自我监督和惩处违反规则的人，就能实现对这类资源的公共治理，从而探寻出在政府与市场之外自治公共资源的可能性（埃莉诺·奥斯特罗姆，2012）。第二位是青木昌彦，他提出的"关联博弈"概念，为解释集体行动如何达成合作提供了一个视角。关联博弈是指为了克服不合作，有必要将行动者在共用资源领域的博弈与社会交换领域的博弈联结起来，如果在共用资源治理上搭便车，那么他就会在社群内部被排挤，即在社会领域被排斥，从而促使行动者遵守规范进行合作。青木昌彦称这种社会交换域存在的制裁为"负面选择激励"，它制约着社区成员在共用资源博弈中的搭便车行为。同时他还发现社会网除了具有惩治违规的监督作用外，还有奖励补偿机制。他引用有关日本渔民社区的比较调研结果，对有才能的渔民为什么愿意付出更高的成本来与其他渔民分享捕鱼经验的行为进行了解释，他认为是较高的社会地位和社会尊重对这些有能力的渔民所付出的机会成本进行了补偿（青木昌彦，2001）。

在共用资源治理上如何对成员进行激励来促进合作问题，国外的研究代表性观点可以概括为奥尔森的选择性激励、青木昌彦的关联博弈、埃莉诺·奥斯特罗姆的共同体治理分析框架等。

（三）国外学界研究的总体评价

总体而言，国外学界的相关研究，主要以经济学为主流，理性"经济人"是这些研究共同的预设。上述有关行业自治的主要观点，可以概括为"集体抵制说""自律担保说""声誉激励说""机会剥夺说""选择性激励说"等几个。以行业组织为载体的行业自律，能够有效解决信息不对称问题，明晰的私有产权与有限政府，使得市场内生的声誉能够发挥对市场主体的约束功能，这可能是西方意义上的行业自治得以可能的条件。因此西方学界研究行业自律时，更多关注从行业外部建立约束机制来防止行业组织被大企业俘获以及规制行业组织的反竞争行为等方面，对于行业组织内部的自治关注的不多。这可能因为悠久的自由贸易历史和因此积淀下来的诚信经营的文化传统，使得行业内部的自我约束并没有成为问题。从国外学界研究成果涉及的相关理论来看，主要的理论分析工具有微观的理性选择理论和交易成本理论，中观的社会资本理论与治理理论，宏观的历史制度主义理论等。但是在援引这些西方理论来研究中国社会时，我们必须考虑它们在中国本土社会的适应性和切合性。比如说微观层面的交易成本和理性选择理论，其前提条件是发达成熟的市场经济，包括信息公开透明、法治规范、产权明晰、统一的市场等要素，这些要素在目前的中国并不完全具备。中观层面的社会资本和治理理论，前提是发达的公民社会以及政府、社会和市场三者之间的相互制衡与合作，正处于转型中的中国仍旧以政府为主导，社会与市场发育并不成熟。而宏观层面上的历史制度主义，认为制度的生成是某一历史进程的具体遗产，强调外部制度环境对行动主体行为约束的重要性，但中国与西方的制度环境不同，尤其是中国地域差异极大，即便在相同的制度环境下，地域差异也很大，比如说在市场经济发展道路上的"苏南模式"与"温州模式"的差异。正因为上述原因，笔者认为在援引西方理论来研究中国社会时要对该理论的适用性保持警醒。本书认为，可以暂时悬置西方理论，更加注重从中国本土行业自治的历史经验与当代实践出发来建构一个适切中国本土经验与实践的分析框架，这种分析框架的重心应该不是西方学者重点关注的政府监管与行业自律二者间关系，而是将研究重心放在行业组织内部，注重从关系、权力、利益等要素之间如何协同运作视角来探索行业自治的基础与隐秘机制。换句话说，更加侧重微观层面的深入解析而不是宏观层面的描述。

二、国内研究文献述评

如前所述，作为一种非正式、非制度化治理方式，行业自治并不是依赖政权、法律等行业外部强制性力量，它主要依赖行业内部的非强制性力量，如行规和习俗约束、道德教化、声誉和舆论约束、行业内精英人物的感召权威等。国内学界有关这方面的研究成果较为丰富，为了尽可能地将这些研究成果介绍得更为全面，下文将先对不同学科涉及行业自治主题的研究成果进行介绍，然后从集体行动理论视角对国内学界现有研究成果加以概括，最后对国内的研究文献加以总体的评价。

（一）不同学科的研究成果介绍

国内学界与行业自治相关的研究成果主要见诸史学、经济学、公共管理学、法学等学科之中。史学界代表性研究成果，可以分为以下几类：第一类是彭泽益为代表的学者对我国历史上工商行会在行业自律上的一些规章、习惯法进行了汇编整理，虽算不上系统的研究，但对资料的分类整理为相关研究提供了极大的便利（彭泽益，1995）；第二类是以张正明、刘建生等为代表的学者利用新制度经济学的交易成本理论和委托代理理论等对晋商信用制度中的非正式治理等方面的研究，尤其对山西票号信用制度和晋商内部行业自治的研究。认为以晋商为代表的中国传统商帮在信用制度上有一套自生自发、自我实施的约束机制，它支撑了晋商在中国商界几百年的称雄（张正明等，2006；刘建生等，1996）；第三类是对近代同业公会的研究，尤其是对工商业发达的上海、苏州、汉口、成都、天津等地方性行业组织的研究成果中，多有涉及行业自治，如监督产品质量、协调同行纠纷、治理价格欺诈和虚假广告等行业内部治理问题。这些研究提出的主要观点是，近代同业公会与传统会馆、行会相比，开始摒弃后者的封闭性和排他性，现代的业缘性和契约关系更强，体现在行业治理手段中，对正式制度的倚重逐渐取代了传统商人会馆对人格和行业神崇拜的倚重（朱英，2004；李柏槐，2006；魏文享，2007）。尤其是上海领风气之先，开始利用报纸、电报等现代通信媒体进行行业内信息的沟通交流，以达到联合抵制的效果（杜询诚，2006）。在史学领域还有樊卫国等学者从行业治理变迁的视角对近代上海同业公会的自律机制进行了梳理。他用"情""理""法"分别作为传统会所、近代同业公会和南京国民政府商会三个阶段的制约力量和联结纽带，视"情"为对个体的制约力，"法"为公权的制约力，"理"为社会正义和理性的制约力。并认为随着同业公会的演变，其在行业治理上的自主式的处罚约束力逐渐式微（樊卫国，2008）。

经济学和公共管理学相关研究主要以民间商会等行业组织为研究对象，关注行业自治、民间商会自治等议题。代表性的成果有从契约视角对行业自治问题的研究（屠世超，2011）。还有从行业自律、道德约束、非正式制度等"弱型治理"特征对商会自治路径的研究，认为弱型治理的影响因素主要有商会组织中积累的社会资本如信任、互惠规范、相互监督机制、声誉机制等，商会会员的同质性与利益共同性如企业的业态、规模和产权特征等方面的同质性有助于社会资本生成进而促进治理绩效的提升（张捷、徐林清等，2010：170-173）。郁建兴等从公民社会视角对温州商会生成与内部运作的研究中涉及商会事务治理的自主性议题（郁建兴等，2008）。陈剩勇、马斌等从制度主义视角，对温州民间商会的自治进行了一般性的理论探讨和深入的个案研究（陈剩勇、马斌，2003，2004；马斌、徐越倩，2006）。这些有关温州民间商会自治治理的研究得出的基本结论具有高度相似性：温州民间商会在功能上具有较高的自主性，但是在资源上对政府具有依赖性，需要进一步通过制度化合作来保障民间商会的自治。在综合性的理论研究上，代表性的成果是郭薇从政府监管与行业自律作为两大市场治理机制的角度对中国行业自律的条件、机制、实施方式、障碍等问题进行的理论探讨（郭薇，

2011）。

　　法学研究有关行业信用自治的研究成果主要分两块，第一块是行业习惯法的研究。法学对中国历史上民间商事活动的研究较多，研究焦点大多集中在行业习惯法和商人团体习惯法，这些研究将习惯法视为经济交易活动中的非正式契约。在中国历史悠久的商业活动实践中，由于国家政权在社会治理实践中奉行"集权的简约治理"①，对于民间商事活动一律视为民间细故，因此并没有生成诸如西方那样发达的规范民事活动的成文法，但由此并不能认为中国商事活动中缺乏法律的规范。行业习惯法从本质上说是为了维护某一个行业的交易秩序和行业信用，而商人团体习惯法则是流寓异地的商人以会馆、公所、同业公会等商人团体方式在内部根据商业惯例和习俗在内部达成的一系列非正式规范来约束团体成员的行为以维护商业秩序。如果将信用视为促进交易活动达成的润滑剂的话，那么从交易成本理论来看，行业习惯法实际上也是一种行业规则和信用，它有助于降低交易成本、促进交易活动的达成。目前国内学界对行业和商业习惯法的研究，主要有以现存的卷宗文档和碑刻资料等为依据对某个地区商业秩序的研究，如孙丽娟对晚清重庆民间商事习惯法的研究（孙丽娟，2005），李学兰对明清时期江南地区的会馆、公所等商人团体习惯法的研究（李学兰，2010），张渝对重庆巴县档案的研究等（张渝，2010）。这些研究共同的研究结论是，中国商业实践中虽然没有成文法，但是存在大量的不成文的民间习惯法，正是这些习惯法的存在维持了商业秩序和商业活动的繁盛。而在行业习惯法研究方面，以某一个具体行业为个案，专门就行业自治问题进行深入研究的成果，当以杜恂诚对近代上海的钱业习惯法的研究最为醒目。该著作以1917年成立的上海钱业公会这个行业组织为研究对象，从法律体系操作层面上的习惯法角度对上海钱业公会和钱业信用之间的关系进行了深入研究。该研究发现，上海钱业公会具有一套自己的治理行业信用问题的手段，如选用钱业中资历、威望和能力等方面最高的公会领袖或行业中坚来主持清算钱庄的停业或倒闭，对会员加以督

---

　　①　"集权的简约治理"这个概念由美籍华裔学者黄宗智提出，他指出，在清代地方行政实践中，县级以下的围绕土地、债务、继承、婚姻等民事纠纷皆属于民间"细事"，一般由社区内部提名的准官员依赖民间社会的自我调解机制加以治理，政府机构只是在纠纷发生时才介入，这是一种依赖准官员和社会自我调解机制的半正式的简约行政（黄宗智，2007：1-23）。

导和惩戒使得会员恪守行规行约，借助于报纸等先进媒体发动会员甚至全国其他同行对违约对手加以联合抵制等。在 1935 年南京国民政府对金融业严格管制之前，上海钱业信用由于有一套自治机制而在行业内享有极高的声誉（杜恂诚，2006）。

法学研究的第二块是围绕行业和行业组织自治权展开的研究。例如鲁篱论述了行业协会非法律惩罚的必要性、种类和适用范围等问题，将名誉惩罚、集体抵制、开除、市场禁入等手段视为非法律处罚的几个主要种类，这几类手段其实也是行业自治的重要手段（鲁篱，2004）。黎军则认为行业组织与成员之间具有契约关系，正式这种契约关系赋予了行业组织的管理权（黎军，2002）。此外还有关于行业协会自治权的研究，认为行业协会自治权包括行业自治规范的制定权、处罚权、会员纠纷的裁决权等管理性权力。行业自治规范主要包括协会章程、会员行动准则、行业标准等，行业自治规范在程序上需要经过全体会员大会的通过并不得违反国家强制性禁止性的法律，行业自治规范在执行机制上主要依据会员自觉遵守，在会员违反行业自治规范时，行业协会可依据行业自治规范对违反行业自治规范的行为进行处罚。此外，行业协会还可以依据行业自治规范对会员间纠纷进行裁决（汪莉，2010）。以上这些研究主要关注行业自治权的来源、法理基础等问题。

除了上述按照学科分类的研究之外，目前国内以行业组织为视角围绕行业自治的研究成果中，以具体的行业或职业协会为案例进行的研究成果越来越多，主要关注的是行业自律问题。这些研究成果以职业协会为多，如新闻业、广告业、律师协会、会计师协会等。其背景可能是随着市场化改革的深入和政府的简政放权，更多的专业性和技术性事务也逐渐从政府部门转移出来，需要各类职业协会等社会组织来承接政府转移出来的这部分职能。

（二）集体行动理论视角下的研究成果介绍

如前所述，行业自治涉及集体行动与合作议题。目前学界有关这方面的研究成果逐渐增多，这些成果主要涉及以下几个维度。

第一个维度是有关行业自治的权力来源和性质问题的研究。余凌云认为，政府支持的权威性、根据公约的让渡权力和行业协会的"磁场效应"是自主权力的三个来源（余凌云，2007：81 - 103）。黎军认为行业组织在行业管理中的权力主要来源三个方面：法律授权、政府委托的权力和通过契约而形成的权力。为了防止无限竞争及相互损害，同时有效抵制来自外部的侵犯，各市场主体就必须联合起来，以集体的力量克服这些阻力和障碍。而这种联合就是通过其所有成员的一致契约达成的。行业组织与成员之间的契约赋予了前者对后者的支配权（黎军，2002）。汪莉认为行业组织自治权是一种介于公权力与私权力之间的一种社会权力，由于没有国家暴力作为后盾而主要是依靠会员的自觉遵守和非法律处罚的实施，因而这种自治权是一种软权力（汪莉，2010）。

第二个维度是关于行业自律的要素与实施方式的研究。刘张君以银行业的自律为例，认为行业自律主要有三个要素：自律规则、信息平台、违规惩罚机制（刘张君，2009：113）。关于行业自律的作用方式，有研究认为是行业规范、行业惩戒和内部协调（徐曦、叶民强，2006：156－160）；另有研究认为以交易主体长期稳定的理性预期为基础的声誉效应要比第三方惩戒更为重要（刘芬华，2007：57－63）；还有研究认为行业自律的实施方式包括制定行业规范、制定行业标准和技术标准、实施行业准入、协调和解决行业内争议等（郭薇，2011）。

第三个维度是有关行业组织内部精英治理现象的研究。这方面的研究成果，主要观点如下：行业精英在行业协会的生成和发展当中起到了关键性的作用，尤其是对于促进行业内集体行动具有重要作用。但是随着行业协会的发展，行业的发展往往对行业精英形成依赖，后者也容易对行业组织形成控制，从而不利于行业组织的健康长远发展，此即所谓的"精英悖论"（石碧涛、张捷，2011；郁建兴、宋晓清，2009）。

第四个维度是关于行业组织在治理行业信用问题中的共同体和内部合作问题。这方面的研究成果，主要包括共同体治理的机制问题、民间商会内部的合作机制问题等。关于民间商会的内部合作机制，杨光飞以温州民间商会为例，认为民间商会的内部合作，大致要经历一个从关系契约到制度化合作的演进路径（杨光飞，2007）。关系契约是民间商会发展初期面对制度供给缺乏时的不得已之选择，随着商会规模的扩大和处理事务的增多，关系契约难以应对由此必然走向制度化建设。而对于商会内部合作，另有研究借助西方学界的"机会的有选择供给""关联性补偿"等概念，对民间商会的行业自律和自治进行了研究。该研究认为，民间商会的一个基本任务是行业自律，但是在中国，几乎所有商会都抱怨民间商会得不到国家的授权，因此也就没有强制性权力即所谓的硬权力。但是商会拥有某些对会员而言有利可图的机会，可以通过"机会的有选择供给"的手段来约束会员行为和进行行业自律。商会在某种程度上同时扮演供给方和分配者两种角色，而会员则是资源需求方的角色，二者之间的关系是不对等的，商会由此能够影响会员（刘玉能等，2012：323 - 324）。同时，许多商会存在商会会费等级制以及商会运行倚重会长的奉献现象。这个现象反映的是民间商会在既有的现实限制下，通过"关联性补偿"的方式来维持自身的运转。"关联性补偿"是指在商会中多做出的奉献，会在另外一个领域或方面得到补偿或者说回报而不是仅仅靠高尚情操和奉献精神。比如说获得政治和社会荣誉，获得更多的人脉、经济合作机会等（刘玉能等，2012：324 - 325）。此外，还有从社区性产业集群视角来探讨温州民间商会内部何以形成合作性激励机制。社区性产业集群是指在特定区域内相关企业大量集聚而形成的一种产业组织形态。这种产业集群不同于市场经济成熟、城市化水平较高、法制完备的环境下的产业集群，它同中国传统社会构造（社区）保持着带有经济依附和社会归属特征的关系。企业之间的分工合作激励既是基于市场交易下的利益性互惠合作，也是出于血缘、地缘、习俗、传统等因素的情感性合作（马斌、徐越倩，2006）。另外，黄少卿等人以温州烟具协会应对欧盟反倾销为案例的研究指出，温州烟具协会内部的声誉机制、协会过去十多年的有效运作、大企业的内在激励、协会理事会的低组织成本以及社会性激励机制是集体行动得以成功的主要因素（黄少卿、余晖，2005：66 - 73）。徐建牛等也是以烟具协会为案例来分析行业协会在集体行动中的作用、条件与机制等问题，将集体行动的因素归纳为行业组织自身和外部两个方面。行业组织自身的因素是协会核心成员的小群体特征、协会成员的异质性、组织规范的形成、组织学习能力的提高、组织社会声望的积累。行业组织外部因素是获得政府部门的授权、与政府和其他相关组织之间的互助协作等（徐建牛、孙沛东，2009）。虽然这些研究成果所分析的集体行动是属于外生性的集体行动而不是行业内部失信问题的治理，但是其所提出的内部声誉机制、大企业的内在激励与社会性激励、核心成员的小群体等概念，对于本研究具有一定的启发性。当然，对于小圈子内的"集体行动",国内有学者提出了"自我行动逻辑"分析框架,认为中国人在市场实践中的行动遵循着从自我行动到关系行动再到小集团行动或派系行动的路径。他认为这种派系行动是在一个群体或团体内部,少数成员为了特殊利益且通过"特殊主义的纽带"如私人社会关系而发动的行动,因而与集体行动,即在一个群体或团体范围内全体成员为了共同利益且通过某种"普遍主义的纽带"如契约而发动的行动有所区别(汪和建,2013)。

从而言之,集体行动理论下的研究成果,可以概括为精英(能人)治理说、社会权力说、非制度化合作说、弱型治理说、合作型激励说等几个视角。

(三)社会网理论下的行业自治的研究成果介绍

以清华大学罗家德教授为首的研究团队近几年运用社会网的相关理论对乡村社会重建中的共同体治理、行业协会共同体监督等问题的研究,为本书研究思路和框架的建构提供了直接的启迪。首先,罗家德及其研究团队以汶川大地震后乡村社区重建以及中美两个行业协会组建的历史为案例,提出了共同体运作中"能人现象"的分析框架,其主要观点是:中国社会的共同体是在社会关系的特质下进行的,在共同体过程中,能人是社会网络中的中心人物,而且往往具有政治精英的色彩。能人对于网络的形成与持续运作具有重要作用,他往往需要承担共同体运作先期成本的投入,而以后期的声誉获得得到回报。要维持共同体的顺利运作,需要做到政治能人、经济能人与社会能人的三合一,这样共同体内部就会形成封闭、完整而且高密度的社会关系网络。以能人为核心形成封闭的关系网,是中国社会共同体运作和自治的基本原理(罗家德、孙瑜等,2013)。此外,罗家德及其研究团队还以中西方在监督机制上的差异为视角,对中国商业行业协会共同体的机制进行了案例研究。他以河北省S镇的一个家具行业协会为研究对象,讨论了行业组织如何制约行业内成员搭便车进而促进行业内部的合作。其主要观点是:对于行业协会这种共同体而言,会员之间的信任尤其是会员对行业组织领导者的信任是影响合作的主要因素,为此该文提出"第三方信任"的概念,在共同体中,监督力量一是来自第三方信任者的仲裁,二是封闭网络下的相互监督。而网络封闭性中的声誉机制和基于一定规范下的相互监督和排除会员的惩处,构成行业协会共同体治理的核心机制(罗家德、侯贵松等,2013)。

（四）国内学界研究的总体评价

上述研究从不同视角对行业自治的探讨，为本课题的研究奠定了较好的前期基础。但现有研究亦存在一些不足与缺憾。

在理论研究上，缺乏立基于本土社会实际来建构本土理论，几乎所有的研究都是以西方理论为分析框架来分析中国的经验，中国经验成了西方理论的注脚。国内相关研究运用的理论工具主要有制度经济学理论、治理理论、公民社会理论、社会资本理论和社会网理论等，基本上都是在西方的理论框架下进行研究。比如说史学研究和法学研究拘泥于以静态的制度文本来研究自治的运作机制，但众所周知，静态的制度文本往往与实际的制度实践相脱节，它很难再现制度的真实运作。而经济学和公共管理学的研究主要借鉴新制度经济学的交易成本等分析框架来解读中国行业自治。中国是一个在历史文化传统、市场经济发育程度、经济治理制度等方面均与西方存在很多差异的国家，借用西方理论框架来分析时，是否具有契合中国本土经验的适切性呢？

在研究的规范上，目前从行业组织角度对行业自律和行业自治的研究，还存在诸多不规范的地方。比如说大多数研究从行业协会角度进行剖析，而这些行业协会并没有明确的界定，有的属于以企业会员为主的真正意义上的行业组织，有的属于以个人会员为主的职业协会和学会。在行业自律的概念上，现有研究成果并没有严格区分行业自律、会员自律、行业组织自身的自律等概念，概念上的模糊使得现有研究规范性不够。

在研究主题上，国内学界更多的研究成果是以作为政府监管补充的行业自律为研究主题，关注的多是行业自律的外部治理，如刘张君对我国银行业自律的研究中，主要关注银行业自律组织的演变机理、基本要素与运行机制，对内部自治关注少（刘张君，2009）。而赵保卿对注册会计师行业自律监管模式的研究，亦主要关注行业自律监管模式的实现路径等宏大议题，对微观的内部治理很少涉及（赵保卿，2012）。

在研究方法上，文献研究较多，多为理论思辨分析和历史比较分析的研究方式，很多研究成果属于理论上的逻辑推演，比如说运用经济学的模型和西方现有理论来论证自己的观点。从理论到理论的这种研究进路抽离了丰富的经验材料因而缺乏说服力。一些实证研究成果则主要以经济学和管理学的数理统计分析为主，深入的个案研究，尤其是以深入访谈为主的个案研究成果极少。

总而言之，现有研究对于行业自治的运行基础及其实现机制缺乏系统的理论解释，不同学科之间未能形成一种整合的理论框架。本研究拟从中国本土社会特征和社会学视角来研究行业自治问题，用实证研究获得的鲜活材料和现实体验来比对传统经验和制度文本，从本土的视角来建构适切本土经验的行业自治的分析框架，以便洞察我国行业自治中蕴藏于民间社会内部的非正式治理的运行逻辑和机制。这些原因促使本研究拟从更为广阔的社会学视角和立足本土社会为行业自治提供系统和整合的理论解释。

第二节　嵌入性理论与自治理论

本研究的设计思路和研究框架，主要参照西方社会的嵌入性理论和公共池塘资源共同体治理理论。以这些理论作为参考，本书尝试建构一个适切中国本土实践的行业自治的理论框架，以此来解释中国行业自治何以可能这个问题。

一、嵌入性理论

嵌入（embeddedness）原意是指一个事物内生于另外一个事物的现象，将这个现象加以概念化引入学界进行研究的，是经济史学家卡尔·波兰尼。在《大转型》一书中，他对"嵌入"概念是这样表述的：人类经济嵌入并缠结于经济与非经济的制度之中，将非经济的制度包括在内是极其重要的。经济作为一个制度过程，是嵌入在经济和非经济制度之中的。他进而指出，互惠、再分配和交换这三种经济活动形式在不同制度环境下的嵌入形态是不同的。在工业革命之前的非市场经济中，市场交换机制尚未占据统治地位，经济生活以互惠或再分配的方式为主，经济活动是嵌入在社会和文化结构之中的；而工业革命之后的市场经济中，经济活动仅由市场价格来决定，人们在这种市场上按照金钱收益最大化的方式行事，此时的经济体制是"脱嵌"（disembedded）的，经济不再受社会和文化结构的影响（Polanyi，1944：10 - 11）。用一句话来表述波兰尼的思想，就是非市场经济是嵌入在社会中的，即"经济的社会嵌入"，而市场经济已经从社会中脱离出来，经济不仅不再嵌入于社会关系而且它的日益强大反过来对社会进行殖民，即社会可能嵌入于经济之中。

在波兰尼提出嵌入概念的几十年里，有关嵌入性的研究并没有多大进展，这种情况直到 1985 年随着美国社会学家、新经济社会学的主要代表人物马克·格兰诺维特发表的《经济行动与社会结构：嵌入性问题》一文而改变。格兰诺维特通过批判主流经济学中的社会化不足（under socialized）和社会学中的社会化过度（over socialized）这两类观点来阐释他的嵌入性思想。他认为这两类看似对立的观点其实本质上都是一样的，即都是将个体行为原子化，将行为主体的决策和行为与其所处的具体社会情境割裂，忽视了社会现实以及网络与行为主体之间的相互作用。行为者是在具体的、动态的社会关系中来实现自己的目标。他对波兰尼的嵌入性概念批判性的继承，主要体现在他并不认为 19 世纪后的市场经济是脱嵌的，而是认为嵌入存在于社会经济发展的各个时期和经济组织的各个层面，即"在各个经济单元中，社会关系都是规则或不规则地进入其中的，并或多或少地发挥着作用"（Granovetter，1985：481 - 510）。

国内学界有人将他的嵌入性思想表述为：个人和企业的经济行为受到社会关系和社会结构的影响。而这种社会关系是一种基于信任、文化、声誉等因素的持续性社会关系。嵌入的主体是"个人或企业的经济行为"，嵌入的客体是"社会关系"，嵌入方式是"信任""文化""声誉"等作用机制（黄中伟、王宇露，2007：2）。

在后来出版的《经济生活社会学》一书中，格兰诺维特将嵌入分为关系嵌入与结构嵌入两类。关系嵌入是指单个行为主体的经济行为嵌入于与他人互动所形成的关系网络之中，持续的人际关系网络中所包含的诸如规则性期望、对相互赞同的渴求、互惠性原则等因素都会对行为主体的经济行为构成影响。但行为主体所嵌入的关系网络并不是孤立的，而是与其他社会网络相连并一道构成整个社会网络结构。因此在更宏大的意义上，行为主体连同他所嵌入的网络都嵌入于社会结构中，并受来自社会结构的文化、价值因素的影响（Granovetter & Swedberg，1992）。再后来，格兰诺维特进一步扩展了嵌入概念的外延和研究的范围，将经济的社会嵌入包括经济活动在社会网络、文化、政治和宗教中的嵌入。

在格兰诺维特关于嵌入性研究的基础上，祖克因和迪马乔对嵌入性概念进行了扩展，提出了四种类型的嵌入性，即结构嵌入、认知嵌入、文化嵌入和政治嵌入（Zukin & Dimaggio，1990）。这四种类型中，结构嵌入概念与格兰诺维特的研究没有太大的区分，但后面三种类型的嵌入，是对嵌入理论外延的扩展：认知嵌入强调行动者内部的个体认知对经济行为的影响，文化嵌入则关注行为主体在进行经济活动时受传统价值观、信念、信仰、宗教、区域传统的制约，政治嵌入是指行为主体所处的政治环境、政治体制、权力结构对主体行为的影响。文化嵌入和政治嵌入都是从更大的外部环境视角来研究经济行为的嵌入性影响。20 世纪 80 年代以来，嵌入性理论取得了更大的进展，除了以上概念外，还出现诸如制度嵌入、商务嵌入、技术嵌入等一系列概念。以至于有研究认为，嵌入性理论已经与经济地理学、社会学、管理学、区域经济学、发展经济学和创新经济学等理论快速融合，成为一个重要的理论分析工具。嵌入性概念的过高的理论化和抽象化使得它具有"概念伞"性质（兰建平、苗文斌，2009：108）。

本书借用嵌入性理论来分析中国行业自治时，主要受到该理论中以下几个层面启发：一是波兰尼对 19 世纪前经济对社会的嵌入以及 19 世纪后社会对经济的嵌入，引发本书从经济与社会相互嵌入视角来阐释中国传统社会的工商业活动中同乡同业传统的生成机制，以及当代温州地区民间商会的生成机制。二是格兰诺维特对嵌入性所做的关系嵌入与结构嵌入的二元划分，引发本书不仅从关系网络视角来解读中国行业信用的自治，而且还将研究的视野扩大到关系网络嵌入其中更为广阔的社会结构，本研究称之为"地方共同体"。而格兰诺维特关于价值规范不是通过外部强加而是行为主体之间持续互动建构的产物并对行为主体构成约束作用的观点，有助于启发笔者思考无论在中国传统社会还是当代社会，行业自治中的非正式规范为什么比正式的规章制度更有效、为什么在现代市场经济下中国人仍旧偏爱在关系网络内寻求合作等问题。三是祖克因和迪马乔对嵌入的四元划分，启发了本文从政治嵌入的维度来研究温州行业信用的自治问题。而祖克因和迪马乔提出的认知嵌入和文化嵌入等概念，也促使本文从微观的个体主观性角度来阐释行业自治何以能够达成共识进而促进合作。尤其在笔者与温州民营企业老板、行业组织的秘书长和会长等人的访谈中，他们会时不时提到温州人的信用意识、抱团精神、务实精神、灵活变通意识等，这种主观性的文化观念和意识，可能也是温州行业自治得以实现的重要因素。以上的分析表明，嵌入性理论构成本书主要的分析框架和分析工具。

二、自治理论

自治涉及集体行动或群体内部合作的问题。在社会科学中，有关集体行动的理论涉及多个学科，如社会心理学中对群体行为的研究，社会学学科中有关社会运动的研究，公共选择学派有关共用资源供给问题的研究等等。对于以行业组织为载体的行业自治来说，行业组织为行业会员所提供的服务具有俱乐部性质的共用资源性质，而诸如行业规范的制定与遵守，对行业内违规行为的集体抵制，也需要行业内成员之间在行为上的协调一致。行业信用之所以具有共用资源的性质，是因为行业声誉和行业信用的败坏将使得行业内每一位成员难以幸免，而良好的行业信用又会给行业内成员带来收益，这就使得在行业信用问题的治理上也难免"搭便车"问题。从这个意义上说，对行业信用这种具有俱乐部性质的共用资源自治的研究，选用自治理论是比较合适的。

自治理论框架是由美国印第安纳大学政治学教授、2009 年诺贝尔经济学奖获得者埃莉诺·奥斯特罗姆提出的。在奥斯特罗姆开展对共用资源治理的研究之前，主要存在三个理论解释范式，即公地悲剧、囚徒困境和集体行动的逻辑。这三个理论解释有着共同的预设，即功利主义或者理性人预设，认为个人的理性会导致"搭便车"出现，使得这一类资源难以很好地存续。在这种预设下对共用资源的治理只有两个解决办法：要么国家化，要么私有化。奥斯特罗姆援引大量的有关渔场、牧场、森林、湖泊、地下水等由许多人共用的自然资源的管理和使用作为案例，指出这类资源并没有国家化或者私有化却得到了较好的治理，从而有力地论证了在政府和市场之外，不需要外部力量只依靠社群网络内部力量就可以自治的可能性。这种介于政府和市场之外的第三种治理就是自治，它借助于信任、合作、互利互惠、声誉、相互监督、社会舆论等方式和机制来克服机会主义和各种搭便车行为。自治理论的中心内容，用她自己的话来说就是研究一群相互依赖的委托人如何才能把自己组织起来进行自治，从而能够在所有人都面对搭便车、规避责任或其他机会主义行为形态的情况下取得持久的共同收益（埃莉诺·奥斯特罗姆，2012）。为了阐述她的自治理论，她建构出一个自治的理论分析框架，这个框架的主要内容概括为以下几个方面。

第一，自治要取得成功首先要解决三大难题，即新制度的供给问题、可信承诺问题和相互监督问题。这三大难题中，新制度的供给问题是根本性的前提。只有解决了新制度的供给，相互监督才有可能，而相互监督又能够确保可信承诺。

第二，三个层次的规则之间的嵌套问题。在奥斯特罗姆的自治理论框架中，有关自治的规则主要有操作规则、集体选择规则和宪法规则。这三个规则属于不同的层次，低一级层次的行动规则的变更是在高一层次上的规则中发生，更高层次规则的变更通常更难，成本也更高，但也因此提高了根据规则行事的个人之间相互预期的稳定性。

第三，公共池塘资源自治制度设计的八个原则。这八个原则是：清晰界定边界；占用和供应规则与当地条件相一致；集体选择的安排；监督（包括对占用者本人的监督、对占用者负有责任的人的监督等）；分级制裁（违反操作规则的占用者可能受到其他占用者、有关官员或他们两者的分级制裁）；冲突解决机制；对组织权最低限度的认可（占用者设计自己制度的权利不受外部政府权威的挑战）；对占用、供应、监督、强制执行、冲突解决和治理活动加以组织，形成完整的可长期存续的制度。

最后要说明的是，学界目前在公共事物或公共物品的治理上，存在的一个概念分歧是关于"commons"一词的翻译。在奥斯特罗姆《公共事物的治理之道》这本著作中，与"公共事物"对应的英文是"the commons"。原作者并没有对"the commons"一词加以严格清晰的界定，而是在宽泛的与公共性（共用性）相关的意义上使用。但是在现实生活中与公共性相关的事物或者物品极为复杂，由于在排他性和竞争性这两个维度上的组合不同，在现实生活中存在不同类型的共用资源，它们在治理手段、治理方式、治理绩效等方面亦存在差异。[①] 下文将对排他性和竞争性两个维度上不同组合的共用资源分类进行简要解释（见表2.1）。

表 2.1 共用资源分类

分类	竞争性	非竞争性
排他性	第一类：私人资源 如私人服饰、食物、用具等	第二类：俱乐部资源 如行业声誉、收费公路等
非排他性	第三类：公共池塘资源 如渔场、森林、灌溉水源等	第四类：纯公共资源 如公共安全、国防、空气等

注：本分类表由作者根据相关资料自行整理。

第一类是排他性和竞争性资源，这类资源一旦被使用，他人将无法同时使用，这是典型的私人物品或私益物品，如私人服饰之类的用品，它不属于共用性资源的范畴。第二类是排他性和非竞争性资源，这类资源只对会员开放使用，非会员排除在使用之外，但是一个人的使用一般不会影响另外一个人的同时使用，这就是俱乐部共用资源。第三类为非排他性和竞争性资源，这一类资源难以排除他人的使用，但是使用该类资源的人越多，其他人能够使用的就越少。这类资源就是公共池塘资源，如近海渔业资源、乡村社会中的公用灌溉水源等。第四类为非竞争性和非排他性资源，也就是经济学上所说的纯公共资源，如治安、空气等。这一类资源既难以在技术上排除他人使用，同时一个人使用也不影响到另外一个人的使用，最容易在生产中出现"搭便车"的机会主义行为，因此这类纯公共资源一般由政府这样的公共部门来生产。

本研究试图借鉴西方自治理论来与中国行业自治进行比较，但是需要说明的是这两种治理所指向的治理对象不属于同一性质的共用资源。前者属于上表中的第三类"公共池塘资源"，后者属于表2.1中的第二类"俱乐部资源"，这两类资源在竞争性和排他性的组合上刚好完全相反，这是提醒读者必须注意的地方。

---

① 所谓排他性一般是指在市场体制下，物品或服务的潜在用户能够被有效排除的性质；而竞争性是指某人对公共物品的消费会影响别人同时消费该产品以及从中获得的效用。

第三章

中国传统社会行业自治研究

　　本章主题为中国传统社会行业自治，在展开论述之前，有必要先说明以下两个问题，一是传统社会的时间跨度。本书所论述的中国传统社会的上限是从明代中后期开始。这样的界定是出于研究主题的需要。行业自治是以自治性的行业组织为载体来实施，而这一类组织的生成一般又是以商品经济的繁荣、自由竞争市场形成等为前提条件。从明朝中后期开始，这些条件逐渐具备，如以徽商和晋商为代表的十大商帮从这个时期开始逐渐形成，遍布各商业中心的商人会馆、同业公所之类的行业组织也纷纷出现。本书传统社会的下限为 1949 年中华人民共和国的成立。新中国成立之后，计划经济的实施不仅导致自由市场的消失而且造成包括行业组织在内的社会组织的消失，由于自由市场和自治性行业组织的缺失，行业自治便因此中断。本章第二个要说明的问题是研究对象的选定。本章并没有选取以某一个具体的行业为例进行深入的微观层面的个案研究，而是以行业共同体对行业内部失信问题的治理为研究对象加以研究。这样的选择主要是受限于文献资料，有关商帮、行会、同业公会等行业共同体在行业治理上的资料较为丰富，而关于某一个具体行业的资料很难系统收集。本章关于传统社会行业自治的研究主要围绕行业内部共同体何以可能、中国传统社会行业自治的社会基础、中国传统社会行业自治的实现机制等问题展开论述。

第一节　中国传统社会行业共同体何以生成

行业自治是在行业组织内部，由行业成员自我制定和实施行规行约的一种市场治理机制。在论述行业自治之前，首先要从学理上对同一行业从业者如何形成行业共同体做出解释。

一、行业共同体生成的社会经济基础

在中国传统社会，由于物产具有地域性特征，商业活动的专业化自然也呈现出地区差异，某一地区商人垄断某一物产的生产与经营是极为常有的事情。而在跨区域开展商业贸易的活动中，同乡商人自由结合成"商帮"也是极为普遍的现象。商帮是以地域为中心，以血缘、乡谊为纽带，以会馆、公所等作为在异乡联络、计议之所的一种商人群体。这种商帮多半是既同乡又同业，原为对抗土著商人和他籍商人以维护其商业利益而形成的（窦季良，1943：22）。彭泽益将商帮建立的行业组织叫作工商行会，他认为中国的工商业行会可以分为两大类，"一为会馆，一为公所。前者属于同乡的集合，后者属于同业的集合，同业的未必同乡，但同乡的多半同业"（彭泽益，1995：182）。无论怎么说，同乡人基本从事同一行业，尤其是在一个行业刚刚起步的时候。一般认为，中国传统社会的商帮形成于明朝中后期。以明中期崛起的徽商为例，明朝中期以后由于商品流通范围的扩大，商业竞争日趋激烈。为了增强竞争力，徽商通过联合、结帮经营的方式，率先在全国商界出现了商帮。这些商人"挈其亲戚知交而与共事，以故一家得业，不独一家食而已。其大者能活千家百家，下亦至数十家数家"。在此基础上，徽商经营的行业呈现出地域性和家族性相对集中的现象，即一姓一族或者一个地域的人集中经营同一行业的现象。如歙县人大都经营盐业，婺源人大都经营木业，祁门则以茶商为多，休宁人大都从事典当业。这使得江南地区的盐、木、茶、典等行业几乎为徽州人操控（周晓光、李琳琦，1998：17 – 18）。通过内部以宗族为纽带的抱团，徽商逐渐将异帮商人排挤出市场而实现了对某些行业的垄断。与徽商的做法类似，晋商则通过乡缘纽带，垄断了全国的票号业务，而后来崛起的宁波帮，则垄断了上海和汉口等地钱业、航运、五金等行业。在激烈的市场竞争中之所以出现同乡人之间的抱团进而形成对某些行业的垄断，其一是因为在工商业活动中有些技术和信息对外界而言是隐蔽的但在同乡之间却难以隐蔽，借助于对信息和技术等方面的共享，同乡商人更容易以内部的抱团方式来将他乡商人排挤出竞争性市场进而实现对某一区域市场的独占。比如说晋商票号在业务经营中会使用独创的暗语来防止票据的伪造，这门技术在学徒培训的时候会传授，但票号规定非山西籍人不得被收为学徒，从而使得只有山西人才有资格获得这种技艺去从事票号业务。同乡人之间的容易抱团，另外一个原因可能是他们具有共同的语言、生活习惯和行为方式等，这些"地方性知识"更便于相互之间的沟通，进而促进这些流寓外地的同乡人之间的团结。总而言之，在中国传统社会商业经营活动往往由地缘关系引致，此即"同乡之间个人借贷关系的产生、同乡商人之间合资经营企业、同乡之间的信用保证等一系列信用行为，根源于地缘的同一性"（孙建国，2007：41）。学术界用"同乡同业"或"社会经济"概念来概括这类现象。

但在独占区域市场之后，虽然排除了与他乡商人的竞争，但同乡内部的恶性竞争，比如说竞相压价、以次充好、仿冒假冒等行为又难以避免。这些行为容易败坏行业声誉进而对整个行业的生存发展构成不利影响。但是由于"同乡同业"经营方式的存在，几乎不需要外部的强制性力量就能实现对行业内部各种失信问题的自治。在自发的市场中，往往是少数人先发现和进入某一行业，随着市场的扩大他们会介绍同乡进入该行业，通过这种"传、帮、带"的方式，来自同一地域的人就逐渐实现对某个行业的垄断，此即"同乡同业"现象生成的内在机理。这种现象可以用新经济社会学的"嵌入性"概念予以解释。当社会关系嵌入到经济活动中之后，经济活动反过来也嵌入社会关系之中。经济与社会的相互嵌入，一方面导致社会网的密度增大，网络内成员不仅有经济交易上的往来，还有各种社会活动上的交往。尤其是在中国传统社会，流寓异地的商人经常会借助商人会馆一类的同乡兼同业组织来举办行业神祭祀、节日庆典、公演之类的社会活动来强化同乡人之间的乡缘意识。正如有研究所指出的，在行会的重要事务中，迎神赛会、祭神祀天占有突出的位置。行会的会馆、公所既是成员集会议事的场所，又是同业祭祀神道的地点。每当遇到神祖诞辰时便要举行迎神赛会，以此加强同行之间的联系，同时也借对神祖的敬仰和敬畏来加强对行会成员的监督和控制。工匠若有违反行规行为，除了进行赔偿之外，还"须进一步将该料户之姓名揭示于祖庙（机神庙）、会所……令公众人等皆知该料户之不仁系其自身之罪戾"，以防"酿成纷议，损害行会之信用"（王翔，2001：108 - 109）。这样，在经济交易活动中如果有违规失信行为，很容易通过这些非正式的社会交际场合传递开来，同时敬神等活动也对行业内成员起到警示和敬畏的作用。另一方面，经济与社会的互嵌还使得这种"社会—经济"网络的封闭性更强，一个在行业活动中违规舞弊的人，既容易被同行排斥在经济交易活动之外，也容易被排斥在社会交往活动之外。因此两个网络的互嵌会对行业内成员构成双重约束。一旦被网络隔离或者排除在外，失信者便难以在本行业立足，因而网络中的成员不会轻易做出违规舞弊之事。因此，经济与社会之间的相互嵌入使得从事同一行业的经营者不仅受到行业内部力量的监督和约束，同时也受到社会关系网络内部的监督和约束，这种双重监督和约束为行业自治奠定了坚实的基石。

二、行业共同体生成的外部诱因

行业共同体的生成除了"同乡同业"这种内在的社会经济基础之外，还有外部的诱因。西方学者在现代国家治理和自由市场话语下，认为中国传统社会缺乏对商业活动的直接管辖，以及缺失诸如现代契约、产权、商法等一系列用来约束市场秩序和规范商业信用的制度。但是从另一方面看，正是约束行业声誉制度的缺失，促进了行业内部对制度的诱发效应，行业共同体可以被视为对行业声誉制度的一种替代。

从管理学角度看，有学者认为自发性组织的形成需要具备以下要素：（1）一群人基于关系与信任而自愿结合；（2）自愿结合的群体产生了集体行动的需要；（3）为了管理集体行动而自定规则和自我管理。（罗家德，2011：26）按照此解释，同一行业从业者很容易形成共同体。因为"同乡同业"的传统，同业者之间具有天然的地缘关系，这个关系本身就确保了信任，因而具备了自愿结合的前提。而在将外乡人排挤后同乡内部的违规失信行为又难以避免，对这类问题的治理无法依靠单个力量而必须借助集体行动，因此产生了集体行动的需要。然后群体内部为了管理集体行动而自我制定规则、自我进行管理，于是共同体由此形成。

诚如西方学者的上述判断，中国传统社会的国家政权对包括工商业活动在内的民间事务并没有直接的干预，官方的"无为"为民间社会提供了一个相对自主性的空间。关于这种自主性空间，华裔美籍学者黄宗智提出"集权的简约治理"概念予以解释，他认为在中国清代地方行政实践中官府主要负责刑事等案件，县级以下的民事一般交由民间社会自我调解（黄宗智，2007：1-23）。本书认为，"简约治理"概念也适合于用来解释中国传统社会非官方的商业活动中自主性空间的治理。近年来国内亦有学者提出相似观点，认为中国传统社会的治理是一种典型的"上下分治"模式（曹正汉，2011），即中央政府负责"治官"，地方政府负责"治民"。"治民"事务主要限于辖区内钱粮赋税征收和地方治安之类的公共事务，对于民间社会的微观经济活动并没有直接干预从而为其留下自治的空间。在这种自主性空间内，集体内部的抱团自保成为应对外部风险的一种替代选择。以商业活动为例，在激烈的商业竞争中，为了规避商人群体内部的不良竞争以及增强对外竞争力，商人会很自然借用天然的乡谊、宗族关系等纽带来相互扶持。日本学者滋贺秀三对此现象这样解释："国家既未积极地向社会提供任何秩序框架，也不能为已经形成的规范秩序提供充分的保障。这个空间里的规范和秩序因而显得如此的难以把握、如此的流动和不安定，……从而不能不渴望和追求更小范围内更可靠的规范秩序"（滋贺秀三等，1998：273）。这个更小范围内更可靠的规范秩序，就工商业活动从业者来说，只能由同一行业的从业者在行业内部自我组织并自主管理，从而使得行业共同体成为可能。这种行业共同体不仅得到官府的默认，甚至得到官府支持。例如现存的碑刻资料中有大量的关于地方政府以立碑公告来整饬行规或保护商人公共财产的记载。作为对地方官府支持的回报，行业共同体也积极地介入地方公共事务的治理，不仅处理同乡之间的纠纷调解，而且在慈善公益事业上建树颇多，如灾害救助、文化教育、医疗救助等。行业共同体在商业活动之外主动承担起官方或半官方的公共责任与社会服务，不能仅仅从功能主义视角解释为有利于城市自治空间的形成（罗威廉，2005；黄浙苏，2014），而是可以视为地方政府与行业共同体双方之间在利益契合基础上的良性互动：地方政府无力提供公共服务需要借助商人群体（行业共同体）力量，而后者在刚性的产权和法律缺失下需要地方行政提供庇护。二者之间的这种互动为行业共同体的生成提供了有利的外部环境。

中国传统社会行业共同体的形成，与外部政府力量不无关联。正如奥斯特罗姆所说，自发性组织存在三种不同的规则：操作规则、集体选择规则和宪法规则。在这三个层次的行动规则中，最高层次、最重要的是宪法规则，宪法规则能够为自发性组织提供最为权威和稳定的行动预期。按照她的这种解释，在中国传统社会行业共同体中，这种宪法规则就是中央政府层面对于民间活动不干预，地方政府对民间社会的内部事务也不直接介入。政府的这种态度对行业共同体的生成实质上是一种变相的支持。正如罗家德所言，"政府以鼓励和引导的方式介入，对于共同体来说是有利的和必要的，然而用强制力量推行政令则很容易破坏共同体的规则和环境，容易起到反效果"（罗家德，2011：136－137）。

三、行业共同体对成员的需求满足功能

传统的行业共同体对从业人员有强制性入会等规定，共同体对成员的吸纳形成一种可以称之为流动性的"同乡人共同体"。在中国传统的乡土社会，由于聚居和社会的不流动等原因，乡土社会一般以家族和村落为基本单元，形成内部高度凝聚、与外部很少有关联的封闭性强的共同体式的组织结构。这种共同体就是一种共同体。对于从事工商业活动的人群而言，虽然在地理空间上他们从家乡流动到异乡，但是在社会空间意义上看，他们的交往对象仍旧局限在同乡人之间。由此我们认为，明清以降在一些商业发达的城市中曾出现诸多以地缘为纽带建立起来的商人会馆、公所之类的同乡兼同业组织，就是同乡人在异乡面对陌生感和不安全感时而抱团生存的产物，其组织原则与家族或村落共同体并无二致。这种流动性的"同乡人共同体"，为流寓异乡的工商业者满足了以下两方面的需求。一是提供社会认同。在传统社会中，以农业生产为中心的社会生活空间基本是固定的，在这样一个熟人社会中，

无论是社会交往的规则还是交往对象都是固定的。但对于流动性强的工商业活动而言，流寓他乡的流动性和陌生性的生活体验，使得社会认同问题凸显出来，即物理空间和社会空间的流动性和相对化从根本上抽空了社会认同所必须依赖的确定的参照群体（李友梅等，2007：9）。行业共同体因主要由同乡人组成，自然成为流寓外乡人士新的认同载体。为了强化这种认同，行业共同体一般都会通过各种慈善活动来为同乡人扶危济困。比如说近代上海的宁波商帮，先后出现两个同乡组织，一是四明公所，另外一个是宁波旅沪同乡会。前者主要负责同乡人"死"的事务，后者主要负责同乡人"生"的事务。据《上海四明公所章程》，"本公所以建丙舍、置义冢、归旅榇、设医院等善举"为宗旨，对于那些经济贫困而无力将棺柩运回宁波老家的同乡人，"得觅保至本公所报明住址，代为运送，惟运送到埠时无人接受，须有保人负其责任"（黄浙苏，2014：187）。中国人素来有落叶归根的传统，四明公所从事的这项善举对于凝聚和联络宁波同乡，以及促进他们对同乡组织的认同，起到了重要作用。而宁波旅沪同乡会专门负责从家乡引荐并培训学徒、介绍工作、创办学校和医院等事业，这些慈善公益活动有助于形成并强化"同乡人共同体"。王春光在北京和巴黎温州人的比较研究中，将北京的温州人比巴黎的温州人具有更为强烈的小地域观念的原因解释为：社会公共服务的需求导致北京的温州人以诸如村镇这样更小地域为纽带聚居并形成内部紧密的抱团（王春光，2000）。无论这种解释是否充分，我们都不难理解，外来流动人口容易形成以地缘为纽带的共同体，与流动人群的公共服务需求如子女教育、集体防卫等有着紧密的关联。

流动性的"同乡人共同体"发挥的第二个功能，就是信用约束与信用担保。在异地从事工商业活动的人，若没有群体的归属，更容易被视为"陌生人"而不值得信任。当他们以共同体的形式出现时，组织不仅能对其成员构成信用约束，而且亦能为成员提供信用担保。从现有的文献来看，诸多的行会等组织，不仅对成员入会有强制性的要求，一般还需要经过资格认证，比如说一定的经济实力、产业经营状况，甚至其他会员的担保等。能获得会员资格本身就是一个信用符号，更不用说团体有责任去监督、惩罚团体内失信的个体以维护集体声誉。这就是韦伯所说的，职业群体对于内部捣蛋成员最典型的强制手段，就是将他们排除在团体之外（韦伯，2004：203）。也就是说，成为组织成员能获得"团体身份印记"，这是一种无形的信用资本。正如有学者所言，对外在团体而言，商人结社本身就构成商业上可信任的担保者（韩格理，1990：162）。在总体上不流动或者流动缓慢的中国传统社会，流动人口往往被视为危险的"陌生人"，其在经济社会活动中需要他人或共同体为其提供担保。袁岳等人对当代北京流动人口共同体的权威研究也证实了这一点（袁岳、王欣、张守礼，1997）。

总之，按照新制度经济学的交易成本理论解释，经济交易活动采用什么样的治理方式往往与交易成本相关。人类社会对经济活动的治理主要有三种结构，即层级治理、市场治理与自组织（网络）治理。层级治理遵循自上而下的权力逻辑，依靠官僚体系来实现。市场治理遵循合约与交易的逻辑，自组织（网络）治理遵循关系逻辑，成员之间基于情感关系自发合作，关系和信任是这种治理的重要因素（罗家德，2011：122）。在中国传统社会，当同一行业从业者置身于竞争激烈又充满风险的市场中时，他们之间因地缘乡谊就会自发形成"同乡同业"经营方式进而形成情感关系和信任，这会促使他们自发抱团形成行业共同体。

第二节　中国传统社会行业自治的社会基础

自治需要具备特定的要素，奥斯特罗姆在公共池塘资源的自治上提出自治的三个要素：制度供给、可信承诺与相互监督问题。她认为这三个要素之间环环相扣，其中新制度的供给问题是最为重要的：只有解决了新制度的供给问题，成员之间的相互监督才有可能，而相互监督又能保证可信承诺（奥斯特罗姆，2012）。本研究认为，自治作为一种以扁平状的网络为载体，以成员之间的相互信任、监督、协商等方式来实现相互间合作和群体目标的一种自发管理活动，它缺乏正式组织所具有的垂直的科层式的权力结构和一整套明文规定的刚性制度的约束。对于行业自治来说，它是以行业共同体为载体，以行业成员之间的相互协商和约定等来约束同行从业者遵守行规行约和维护行业声誉的自发行动。在缺乏外部强制性力量下，究竟是什么力量促使行业成员对行规行约的遵守？本研究拟从关系网络和共同体权威两个视角来阐述中国传统社会行业自治的社会基础。

一、关系网络的闭合性与连带性

在中国传统社会的工商业活动中，由于市场信息的不通畅，自发的市场往往是被逐渐发现和逐步开拓的。这种市场之所以形成"同乡同业"的经营模式，与社会网络有着必然的联系。那些在外谋生的早期从业者可能因为偶然发现某个行业有利可图，自然借助于亲缘和地缘一类的社会网络将这个信息传递出去，随后更多的同族、同乡借助于社会网络进入该行业，这种"传、帮、带"方式形成的关系链，最后发展为社会网络。在"个人—关系链—关系网"式的流动模式中，社会网络既是信息的传递媒介，也是流动得以进行的机制（王春光，2000）。

这种"同乡同业"的关系网络，具有天然的闭合性。首先，由于从业者来自同一地域，相互之间具有血缘亲情和地缘乡谊等连带，使得他们之间具有情感上的亲密性和互相信任。这种亲密和互信关系不是靠后天的建构，而是先天就存在，即便双方之间没有交往。此即有学者所说的，"传统中国人的关系建立靠的是天然的血缘和地缘关系，即使两个人彼此之间没有交往但只要有天然的血缘和地缘关系存在，就可以义务性地和复制性地确保他们之间的亲密和信任关系"（翟学伟，2003：3）。对于流寓外地且从事同一行业的同乡来说，由于行业信息与技术的交流、相互之间的合作需求等，会促使他们在原有天然关系基础上，进一步巩固原先的关系。经济活动扎根于关系网络，关系网络内的信任、互惠规范等也会引发经济活动范围和规模的不断扩大，经济活动反过来也强化了关系网络。经济活动与关系网络的相互强化形成了交织紧密的群体，而这种交织紧密的群体"可以借助于非正式权力和信息，能够形成对社会成员有约束力的维系社会秩序的规范"（罗伯特·C.埃里克森，2003）。另外，对于中国人来说，关系建立的基础是持久而无选择性的交往，这种关系是一种捆绑性纽带（翟学伟，2007）。而在中国传统社会的工商业活动中，同一个区域市场内从事相同行业的同乡，正具备生成捆绑性纽带的条件：一方面，他们之间的经济与社会交往具有低选择性；另一方面，除非因为其他原因退出某个行业，否则行业内的同乡之间的交往就具有持久性。封闭的关系网络下生成的捆绑性纽带，对自治主要具有以下两个方面的意义：一是网络内的非正式规范对违规者形成压力，二是形成对违规者进行群体隔离的威胁。

关于网络内的非正式规范的生成，美国社会学家科尔曼曾以非议为例进行过阐述。他指出，非议的出现有两个条件：第一，行动者作为同一规范的受益者，通过传播非议以形成共识，能够实现所有人的利益。第二，非议的出现依赖人与人之间频繁的接触，每个人都处于由自己熟悉的人所形成的网络中心，非议他人的言论在这种关系密切的网络中就容易发展起来。社会结构越封闭，就越容易实施惩罚。因为在封闭的结构内，不仅实施惩戒付出的代价减少，而且这种代价还可以通过获得群体内其他成员的赞同得到相应补偿（詹姆斯·科尔曼，2008：262－263）。也就是说，在封闭的结构内，由于关系网络的高密度，非议他人的言论很容易形成对违规者的惩罚，这种惩罚也会得到群体内成员的支持。在紧密群体内的非正式规则，一方面会促使人们自觉遵守规则，另一方面也受到被驱逐或隔离的威胁。波茨等就此提出"强制信任"（enforceable trust）概念，认为在紧密团结的群体中，人们会将集体的规则置于个人的眼前利益之上。这是因为他们相信这会带来长远的利益，知道集体制约对个人会带来好处。另外，如果做了集体不允许的事，违规者将被驱逐（Portes，1993）。日裔美籍学者青木昌彦利用德川时期日本村庄的灌溉系统作为历史实例对社区规范的作用进行过研究，他发现在一个相对封闭的社会网络中，成员通过对违规者的谴责和排斥能有效地遏制成员的搭便车行为。而对被排斥的恐惧构成了一种负筛选激励，它迫使成员遵循非正式的集体规范以保证合作顺利进行。对于社区规范如何促进成员间的合作，他是这样论述的：在对灌溉系统的修建、维护和使用上，很难在技术上排除村民因在集体劳作中的偷懒而不让其使用水资源，但是日本村庄在内部形成了一个叫作"村八分"的习俗惯例，对于灌溉系统集体劳作中的偷懒者虽不能排除他对水的使用，但在他诸如盖房子等紧要时寻求帮助的请求，其他村民可以回绝其请求，并且禁止其参加节日和宗教仪式之类的社会活动（青木昌彦，2001）。这种对违规者的群体隔离，成为一种可置信威胁。

关系网络闭合性使得违规舞弊信息难以隐匿，非正式规范的压力亦使得违规者将面临被群体隔离甚至驱逐的威胁。中国传统工商业活动形成的关系网络还具有连带性特征，它也能够在文化心理意义上对违规行为构成自主性约束。这种文化心理首先表现为同乡从业者之间的相互依赖性和义务性，由于传统中国人的关系建立在天然的血缘和地缘关系之上，这种关系具有的持久性和无选择性赋予其相互依赖性、义务性、情感性等特征。即便个体在地理空间上流动，也会自然地借助同乡会一类天然的关系网络来相互依赖。尤其面对竞争性的商业活动，这种相互依赖感格外强烈。"同乡会对流寓他乡的客户具有不可阻挡的吸引力。同乡人有着相同的乡音乡俗以及相互可以攀连的远亲近戚或世代友谊的关系，甚至原本不相识的人只要是他乡相遇的同籍，便有一见如故的缘分"（彭雨新、江溶，1994）。这种相互依赖、义务性和情感性会在心理上形成促使个体遵守、服从群体内部规则的强大驱动力。关系网络连带性其次还表现为从业者即便流动到外地，也会与家乡共同体相关人在财富和荣誉等方面具有共享性。这种共享性主要表现为脸面观念，"脸面是一个辐射性或推广性的概念，它的动力和行为方向都是以与相关的人共享为特征的"（翟学伟，2004：54）。这种共享既包括共享正面的荣耀，也共同承担负面的耻辱。也就是说因为关系网络的连带性，使得失信、失败等负面行为会产生辐射性和延展性的负面效应，不仅使得自己蒙羞还会使得跟他有关联的人受到牵连。尤其是对于在外经商的中国人而言，与家乡共同体的连带使得个体受到这种关系连带的影响，这是一种无形的约束力。在中国传统社会著名的商帮徽商中，就存在这样的习俗："其数奇败折，宁终身漂泊死，羞归乡对人也"（张海鹏、王廷元，1985：258）。徽商中的这种习俗反映的正是封闭网络下的连带性。

因此，作为中国传统社会行业自治的社会基础，关系网络的闭合性和连带性具有根本性作用。它一方面在现实的物质利益上对违规行为构成制约力量，另一方面也在文化心理上对违规者构成强大的约束力。即便没有外部的强制力，依靠关系网络闭合性和连带性亦可以实施行业信用的自治。

二、共同体自身具有的权威

按照韦伯的界定，权威是一种被认可的合法性权力，由于被认可因而具有强制力。在行业共同体中，也需要有这种能被行业成员接受与认可的权威来对失信违规行为加以处罚和制裁。但中国传统社会缺乏类似于西方那样的商法和商人法庭一类的第三方权威，因此共同体内部的权威极为重要。本书认为，行业内部的共同体权威主要有以下两个来源。

一是"日常权威"。本研究对行业共同体"日常权威"的论述受社会学者翟学伟教授的启发。翟学伟认为，日常权威是指一种被认可的权威介入到某一关系网络中，使得关系网络中本来不具备权威但与该权威者有特定关系的人，可以假托权威者的权威而建立自己的权威。这种权威是靠与权威者建立特定关系而不是凭借自身的角色和地位来获得。一旦权威介入者退出该网络，日常权威也随之消失（翟学伟，2002：106 - 113）。在行业共同体及其领导缺乏自身权威的情况下，这种靠借用关系网络中的权威者而获得"日常权威"，是传统社会行业共同体普遍的做法。以美国学者罗威廉对清朝中后期汉口行会组织的研究为例，其研究发现，汉口商会和行会的成立受到了官府的保护与鼓励。为了得到官府的庇护，行会往往给那些可以向它们提供通往地方和省级官府的特殊途径的、地位较高的会外赞助人，授予"会首老爷"之类的荣誉头衔（罗威廉，2005：408）。同时，行会还精心培育与官员之间的私人关系，谋求后者对其商业活动的支持，当然也包括纠纷调解和树立行会的权威。例如汉口的福建会馆通过请求福建籍官员林则徐题写匾额而获得他的保护，湖南木材公所也加以效仿，在 19 世纪后期谋求彭玉麟、刘坤一之类的湖南籍官员书法作品并将它们展出（罗威廉，2005：409）。行业组织的上述行为，从组织社会学视角看可以视为谋求组织的政治或行政合法性。但从组织权威角度看，它使得行会、商会这一类行业共同体可以借用政治要员的个人权威来实现对行业内部以及行会之间纠纷的调解。

二是行业内的公共权威。这种权威源自公众参与评议所形成的社会舆论。美国法学家霍贝尔认为，在小群体内部，因为违规者违反了整个群体的利益，因此对其处罚能获得社会公认至少是群体公认的权威效果（霍贝尔，1993：29）。美国传教士玛高温在对中国行会进行社会学的考察之后指出，在中国人的商业和工业活动中，组织和联合行动是很容易做到的，这是因为他们对于权威有着一种与生俱来的敬畏和守法本能，以及具有的自我控制（参见彭泽益，1995：15）。玛高温所说的对权威的敬畏，应该是来自行业共同体这个小圈子的公共权威。这种公共评议所生成的权威之所以能发挥作用，主要在于在一个特定的区域内，某一特定行业所能获得的市场利润也是有限的。由于行业共同体对非会员具有排斥性，只有成为行会的会员才能获得从事某一行业的从业资格进而获得生存的资源。① 这样，行业组织就可以借助于对生存资源的控制，以公共评议的方式对违规者加以弹压。

在中国传统社会，行业共同体的这种公共权威还来自祭神演戏和宴饮等公共活动。行业首领在惩处或开除违犯行规者时，为加强首领们的威信和惩戒的公正性，往往要在神前设祭，借助神的权威来公布和实施对违犯行规者的处罚。即便行业组织制定了行规帮法，也是通过对行业神的供奉以助行规帮法的执行（齐守成，2000：146－148）。除此之外，在现有的有关行会文献资料中，许多行会对违规行为的处罚方式最常见的处罚方式是让违规者出一定的罚金，用于供应大伙饮食或者娱乐开支，或者罚酒若干桌，或者罚戏一场。通过群体成员聚集在一起共饮和娱乐，既让违规者受到经济上的处罚，更让其受到声誉上的贬损。这样的治理方式效果在于，由于违规的信息通过共饮和娱乐而得以在圈子内广泛传播，违规者蒙羞，同时对于参与宴饮和娱乐的其他人也有警示性和约束力（李学兰，2010：72）。对于同行从业者来说，宴饮、演戏之类的社会活动，提供了一个供同行从业者公开评议的公共空间，这种公共空间有助于行业内公共舆论的形成和公共权威的培育。

对于来自同一地域的移民群体来说，权威是自我组织和实施自治的一个重要因素。在传统社会的工商业活动中，借助于日常权威和公共权威能够对行业内的失信治理起到积极的约束作用。而权威能够发挥作用或者说成员对这种权力自觉服从与认可，最深层次的机理可能还在于其工具性，即它能够为成员带来潜在的或现实的利益。共同体权威生成与运作的这种机理在当代社会仍旧续存。袁岳等对北京外来人口共同体权威的研究也提出了类似的观点。该研究将权威界定为特殊影响力，在北京外来人口共同体中大概有三类权威：第一类是机会供给型权威，这是北京外来人口中最普遍存在的权威形式。它主要以亲缘和地缘为纽带，通过为同乡介绍工作、提供发展机会甚至

① 这种行业组织主要是封建社会的行会组织，行会一般都限制竞争，除了对于价格、违规收徒等往往会在内部制裁以外，对于非行会成员从事该行的，行会成员亦会加以抵制。能够为此提供例证的是，进入近代以来，随着传统行会组织衰落和新式同业公会和商会的兴起，个体从业者因为违规收徒等而脱离行会控制的倾向越来越明显（参见朱英，2004）。

担负食宿而获得，它起到了为外来人口提供信用担保的作用。第二类权威是危机处理型权威。这是出于利益保护的现实需要，也是权威认同的重要依据。第三个权威是群体形象整合型权威。通过主持、参与当地的慈善公益活动，尤其是参与政府部门主导的公益事业，来树立群体形象。这种权威实际上是通过嵌入政治来获得，与日常权威接近。该文认为，与中国传统社会的伦理权威和行政权威相比，外来人口的共同体权威具有很强的功利性（袁岳、王欣、张守礼，1997）。这项来自田野的实地调查能够为移民群体中共同体权威的内生性提供有力例证。

第三节　中国传统社会行业自治的实现机制

在中国传统社会，行业自治涉及诸多因素，如上文提及的信息的充分传递、相互信任、利益的共享、非正式规范、共同体权威等。这些因素当然不是单独存在并发挥作用的，而是相互关联的。因此，只有以一种互动的过程性视角来考察各个因素之间的连带关系以及相互作用的内在逻辑，才能更深入理解中国传统社会行业自治何以可能。这种过程性视角下自治诸多因素之间的相互作用，就是下文要阐述的行业自治的实现机制。本文将这些机制归纳为以下几个。

一、连带责任机制

对于连带责任机制形成的原理，国内有学者从信息经济学的角度进行过研究，该研究认为中国古代的连坐制度和保甲制度就属于典型的连带责任机制，连带责任机制之所以有效主要在于它克服了信息的不对称（张维迎、邓峰，2003：99-112）。在中国传统社会的工商业活动中，一方面缺乏类似西方商法、产权制度等刚性制度安排来规制商业活动，另一方面信息传递不便，对行业秩序维系的内在需要会诱发相应的行业治理的制度和机制，连带责任机制就是其一，这种机制主要借助以下两个制度实施。

第一是学徒制度。在明清时期崛起的徽商和晋商，以及近代崛起的宁波商帮中，学徒制度得到了普遍采用。它一开始是作为一种获取从业资格的制度安排，帮助同乡人实现对某个行业的市场独占。比如说晋商对票号业务的学徒培训、徽商对典当业务的训练、甬商（宁波商帮）对钱庄业务的培训等，都使得这些商帮在票号、典当和钱庄等行业占据了绝对的市场优势。学徒制度的另外一个功能是对从业者的信用约束，这种约束主要倚靠学徒选拔制度来实现信息对称，因而具有连带责任的性质。如徽商的学徒主要从本族中加以挑选，晋商则主要从本乡中进行选拔，宁波商帮一开始也是在家族中挑选学徒，后来扩大到本乡。研究宁波商帮的学者张守广认为，宁波帮早期的凝聚方式之一就是以家族为纽带，但后来因为商业活动扩展，家族力量已经难以满足商业发展需要，宁波帮开始借重同乡的力量，比如说宁波籍企业家五洲大药房经理项松茂每年都要回宁波去挑选同乡子弟入厂习业（张守广，2012：386）。这种选拔学徒方式有其存在的合理性。因为传统社会是一个不流动的乡土社会，在封闭的宗族共同体或家乡共同体内，成员之间知根知底。不仅有关学徒的信息，而且学徒所嵌入的整个家族共同体的信息也是公开的而难以隐蔽，从而克服了信息不对称问题。更为重要的是，一旦学徒有违规舞弊等行为而造成损失，也可以对与学徒关系密切的人进行追赔。

担保制度是实施连带责任机制的第二个制度。在中国传统商业活动中，为了杜绝失信舞弊，除了强调从业者的道德品质以外，一般还要建立相应的信用制度来约束，担保制度就是其一。以山西票号为例，票号学徒的选用虽限于山西本地人，但东家亦很难对所选用之人完全知晓，这就需要中间人来引荐和担保并承担相应的连带责任，此即"练习生有保荐人而无押金，将来如有舞弊情事，由当日保荐人赔偿损失"（田玉川，2007：41-42）。在晋商中，这种担保制度不仅用于学徒的选拔，同样也适用于经理的选任。山西大德恒票号经理阎尊三对此深有感触，他指出，"使用之人，委之于事，向来采用重托制，乃山西票号之通例，然经理同人，全须有殷实商保，倘有越轨行为，保证人负完全责任，须先弃抗辩权。将保证人与被保人之关系，如无特殊牵连，最不易找。倘保证人中途废歇，或撤保，应速另找，否则有停职之虞"。除了殷实的商户担保外，经理的家人及家产也自然成为担保，这就是票号中所谓的"至若经理人与总店之关系，则不但经理人个人，对总店负连带无限责任，即其家族，亦不可不负责任……损失赔偿之未终了以前，下其家族于狱,将彼等之财产全部没收"(田玉川,2007:42)。除此之外,票号东家为了约束经理人,一般都规定,票号经理在外任职的,其家眷一律不能同往而必须留在太古、平遥、祁县这三个票号总部所在地,这是一种变相的人质,本质上也是一种类似担保或抵押的连带责任。在缺乏硬性制度约束下,担保制度是扩展商业活动的一个理想选择,因为保人与被保人之间所嵌入的关系以及相互间对称的信息,能够借助于中介性的担保使得授信方与受信方之间的信用链得以延展。当然,这种担保与现代意义上的担保相比,它的名誉色彩更为浓厚。

连带责任机制还体现在集体排斥上。以晋商票号为例,作为代理人的票号经理和伙计,与委托人财东之间虽然因委托代理关系而存在代理人违规舞弊的风险,但由于在封闭的票号圈子内,任何违规信息都会在小圈子内以极快的速度传递,违规舞弊者不仅会被东家和掌柜剔除票号经营业务,而且亦会被整个票号群体集体排斥,此即"倘有经手伙友等亏挪侵蚀等情,一经查出,西帮人不复再用,故西人之经营于外者,无不兢兢自守,不敢稍有亏短"(张正明,2006:75)。这种集体排斥使得晋商票号从业者具有良好的行业声誉。

二、风险共担和相互扶持机制

在传统的商业经营活动中,传统社会的商人一般会以合伙经营或者以同业公会和会馆之类的同乡兼同业组织为载体构建同乡关系网络,充分利用关系网络来相互扶助,共同应对外部风险。以徽商为例,作为以血缘宗法为纽带的商人群体,徽商中那些资本雄厚的大贾,并不是依靠独自力量在商海中驰骋,而是"大贾辄数十万,则有副手,而助耳目者数人。其人皆铢两不私,故能以身得幸于大贾而无疑。他日计子母息,大羡,副者始分身而自为贾,故大贾非一人一手足之力也"(张海鹏、王廷元,1985:258)。以家族血缘和地缘乡谊为纽带风险共担和相互扶持制度,不仅使得商帮实力和商业规模不断壮大,而且也使得行业的整体信誉得以维系。以晋商为例。晋商一方面以商人会馆、同业公会为纽带相互援助来维持信用,如山西平遥县钱业同业公会对于会内事务"多数取决",会内商家在业务上也须互助合作,如遇标期"均望互相过账，存欠多寡暂勿计较"，等到标期过后，"客事全体齐集一处，将存欠总数互相抵兑"（石惠，2006：13）。另一方面，山西票号在内部建立有一套有效的制度来应对风险，这就是联票制度。票号的总号设在山西本地，分支则遍布各地。总号与分号之间、分号与分号之间，以"正报、附报、行市、叙事报"等方式互通信息，并采取"酬赢济虚、抽疲转快"的办法相互接济。灵活、严密而庞大的组织制度使票号具备了"有聚散国家金融之权，而能使之川流不息"的能力。这对于维持票号的信用起到了重要支撑（张正明，2006：11）。

商帮内部的相互扶持，在近代崛起的宁波商帮中尤为显著。与徽商、晋商等传统商帮一样，宁波帮的发展模式之一也是由在外的宁波籍工商企业家在某个地区或者行业站稳脚跟之后，然后在家乡人之中挑选学徒和员工，通过"传、帮、带"的方式将更多的同乡介绍引进同一行业。这样就出现了在某一特定地域的某种行业，往往由来自宁波某个地域的同乡人所把持。尤其在上海这样的商业大都会，这些旅居外地的宁波工商业人士不仅要与国内的商帮竞争，同时也面临与外国同行的竞争。但是因为共同的方言、习俗等地域认同因素以及现实的经济利益，使得宁波人更容易团结起来维护宁波商人的集体声誉。以宁波商人集资兴办的四明商业储蓄银行为例，1908年该行在上海开业后，曾几次遭受外国银行和洋行的倾轧，这些外国银行和洋行一遇到风潮便拿四明银行发行的钞票来挤兑现洋。四明银行的实力并不雄厚，但在多次挤兑风潮中都能化险为夷，主要得力于宁波同乡的团结互助。每当挤兑风潮来袭时，宁波人在上海开设的各大商店、钱庄、银号等都代为收兑四明银行的钞票。一些宁波籍贯的店员、小贩路见有人在四明银行门口持钞等候兑换时，也都掏出自己衣袋里的银元去向挤兑者换取钞票，甚至一些远地的甬商还特意赶来倾囊相助，因而使得风潮很快得以平息（林树建，1998：120）。到1935年，上海的工商业因为营业凋敝无力偿还银行借款导致谣言四起，四明银行又出现了挤兑现象，由宁波籍人士把持的中国通商银行立即出面支持，公开将银元木箱源源不断地抬进四明银行敞开兑现；同时又有一部分钱庄贴出通告，代理四明银行的兑现业务，兑现现象很快又得以平息。上海市民都知道四明银行有宁波同乡全体做后盾，对其发行的钞票信心增强（李瑊，2000：96）。宁波同乡成员之间正是以这样的团结互助共同维护了甬商群体的信用和声誉。

在中国传统社会，这种同乡之间的风险共担和相互扶持机制一方面强化了同乡同业者之间的联结，但更为重要的是在缺乏外部制度约束下，群体内部抱团式的合作有力地维系了行业声誉。

三、跨地缘链合机制

在中国传统社会的前近代时期，传统的行会、商人会馆等同乡兼同业组织，能够在一个特定地域内借助地缘群体力量对行业内的失信问题实施有效的自治。这种治理得以实施的条件，除了区域市场的分割性和市场内部信息的透明外，还有地缘兼业缘共同体内部对行业从业资格的限定等因素，使得小共同体内部得以将非同乡的外来者排挤出去而实现资源的共享。但是随着鸦片战争后国内市场的逐渐开放，传统的行会组织已经难以垄断某一个行业，尤其是国外产品涌入后新兴行业不断出现，在这些新出现的行业中如何进行行业自治？另外，在人口流动和市场自由度较高的商业中心城市，如汉口、天津、重庆、上海等地，难以由某一个狭小地域的商人独占市场。这个时候恶性的市场竞争使得行业信用问题加剧甚至出现危机，如1870年前后在汉口出现药业纠纷和钱业信贷危机，上海开埠后假冒他人商标等行业失信问题逐渐增多。在流动性和开放性的市场中，传统的以地缘为纽带的同乡同业组织逐渐无法应对行业失信问题。这个时候，以业缘为纽带的同业组织如同业公所，甚至更大范围的同时跨越地缘和业缘的工商业联合组织如商会等，开始在重庆、汉口、上海等商业中心城市出现。这些组织在行业自治中发挥作用的机理，本书称之为跨地缘链合机制。以中部最大商业城市汉口为例。首先是汉口药材行业的纠纷和争端。在汉口经营药材的商人主要来自四川、江西等省，这些省都有自己的行会（药帮），行业纠纷发生在不同地缘的药帮之间。随着行业纠纷的升级和迟迟不能解决，汉口所有的药帮于1870年4月聚集于药王庙，共同草拟出一份面向全行业的规则（行规），包括药材交易的容器类型、销售单元的大致重量、允许的误差比、付款时银两的成色等。虽然药材行业并没有建立包括同行业的统一的公所，但是整个药材业越来越多地采用行业规则（罗威廉，2005：334 – 336）。汉口药行的行业治理，已经初步显示出跨地缘链合的倾向。而在汉口的钱业中，汉口钱业公所在治理钱业信用危机上将这种机制得以充分发挥。在 19 世纪中期，随着太平天国运动的结束，汉口作为遭受重创的商业城市，面临着战乱后的重建任务，对资金的巨大需求刺激了汉口钱庄信贷业务的扩张，由此逐渐导致信贷危机。汉口的钱业组织开始寻求来自不同地域力量之间的集体合作来应对危机。1866 年湖北、浙江、安徽三个从事钱业的团体进行了第一次合作，1871 年江西钱庄加入联合成立了汉口钱业公所。汉口钱业公所通过"联名保证"制度，有效地控制住了信贷泛滥和危机（彭雨新、江溶，1994：150 - 151）。

在近代最大的通商口岸城市上海，这种跨地缘链合与汉口有所不同。由于宁波帮在上海居于绝对的优势地位，跨地缘链合形成以宁波帮为中心的"差序格局"模式。上海宁波帮以自己为核心，首先联合自己的近邻、以经营钱业著称的绍兴籍工商界人士来形成宁绍帮，然后在宁绍帮的基础上进一步联合钱塘江以东的商人结成浙东帮，最后联合钱塘江以西的浙西帮形成浙江帮。在这种以省域范围内的链合中，宁波帮居于核心地位，这种扩大的乡帮联系有所谓"大宁波帮"之称，大大加强了宁波帮的实力（张守广，2012：38 - 39）。其次，宁波帮以同乡会为核心，不断地将同乡会认同的力量向外延展，构成一个更大的能够尽可能覆盖更多行业的网络。它的范围已经超过了原有的地缘边界，而是整合了更多的行业。长期致力于宁波商帮研究的学者张守广指出，在近代的上海，宁波帮主要凭借个人关系和商业领导地位而逐渐形成，其强大的力量使得别的地区的商人热切地希望与宁波商帮建立联系，而宁波帮的成员也逐渐将非同乡成员联合到私人关系网络中来。以宁波人为中心的集团，得以支配上海的大多数钱庄、织布厂、纺织厂、海关经纪人，以及支配上海大多数的商业组织，如上海总商会、上海银行业同业公会、上海钱业公会等（张守广，2012：39）。在上海几个最重要的行业，如金融业（包括传统的钱业和新式的银行业）、船舶制造与运输、五金业、纺织业等，由宁波帮为核心的跨地缘链合使得这些不同行业之间出现相互渗透，而以四明公所为代表的宁波旅沪同乡组织，也使得从业者之间的经济与社会联系更为紧密。跨地缘链合主要通过上述两个途径增强了行业自治能力。

在中国近代社会，同行业之间跨地缘链合作为一种非正式的治理机制逐渐获得官方的认可甚至被吸纳为官府正式治理。有研究发现，由宁波人把持的上海钱业公会关于解决纠纷的规则不但被正式出版发行，而且还经常成为上海公共租界相对独立的公审会廨判决金融诉讼案的法律原则（刘秋根、马德斌，2008：18）。而近代的汉口钱业公所，也扮演着法庭调解的功能，它不仅处理涉及自己会员的纠纷和冲突，而且还接受地方政府委托的金融纠纷案件。因此在地方民众心目中，钱业公所一度被视为半政府性质的组织，甚至被视为承担着中心银行的作用（彭雨新、江溶，1994：150－151）。

如果说传统的以地缘为纽带的行业组织具有显著的封闭性，它以小共同体内的简单互惠来维系内部的合作的话，那么随着外部市场的逐渐开放，这种封闭性的地缘兼业缘群体已经难以依靠简单互惠机制来应付外部市场的扩大和日益复杂。正如有研究所指出的，"由互惠性建立的联系是有限的，而由相互性建立的联系则能超越具体情境及具体经验的束缚与限制"（李荣荣，2015：91）。传统社会行业自治中的跨地缘链合机制显示出普遍主义取向的"相互性"有逐渐与特殊主义取向的"互惠性"相互融合甚至取而代之的趋势。

本章小结

本章关于中国传统社会行业自治的研究主要从行业内部从业者之间何以能够形成共同体、行业自治的社会基础和行业自治的实现机制三个方面展开。这样安排的依据在于，行业自治一般是在行业共同体内实施的，没有行业共同体行业自治便难以实现。在行业共同体成立后，实施自治需要组织内部的相互信任、信息的对称、非正式规范的遵守、行业共同体的权威等要素，这些要素之间不是各自独立而是高度关联。本书将这些关联的要素整合为关系网络的封闭性和连带性和行业共同体权威两个方面。由于从这些静态的自治要素与社会基础难以清晰呈现行业自治是如何实现的，本书选择从一种动态的过程性视角来阐释自治的实现机制，以便更清晰地展示中国传统社会行业自治的脉络。

本章关于中国传统行业自治的文献材料，主要来自徽商、晋商和甬商等商人群体、行会及行业公所等，在空间上以汉口和上海这两个城市为聚焦。近代的汉口和上海分别是中国内陆和沿海最大的两个商业中心，也许它们并不能代表中国其他城市，但这两个城市之间有很多共性。汉口虽然号称"九省通衢"，但在行政级别上只是隶属于汉阳县管辖的一个镇，受中央政府层级控制小。尤其是在19世纪中后期经历太平天国运动的冲击后，汉口传统的商业和社会规范式微，从而导致更为自由的市场环境的出现。而在近代上海，随着上海的开埠并成为外国人的租借地之后，中央政府对上海的直接控制力式微，上海出现与汉口类似的自由竞争的市场。与汉口是诸多地域商人角逐的场所不同，上海主要是宁波商人的天下。但是在行业自治上，这两个城市面临着相似的情境：人口的高度流动、商品大规模的集散、自由竞争的市场、较少的行政干预等。为了应付由此容易导致的机会主义和行业失信，两个城市的工商业组织都出现跨地缘的链合趋势，这种链合具体表现为一些同业公会开始取代传统的商人会馆和行会组织并成为维系市场秩序的主要力量，这是自由市场自身扩张下市场机制自发演进而非人为干预的必然结果。但中国近代出现的同业公会，虽然比传统的商人会馆和行会组织更具业缘特质、规章制度也更为完备，但在行业失信问题的治理上，二者都主要倚赖关系网络和非正式规则来实施自治。在下一章要探讨的温州行业自治中，我们能够看到行业自治在治理的社会基础和实施机制等方面的历史延续性。

| 第四章 |

当代中国行业自治研究：以温州为例

　　上一章以中国传统社会中的商帮、商人会馆、同业公会等同乡兼同业组织为视角，从行业共同体何以可能、行业自治的社会基础和行业自治的实现机制等方面探讨了中国传统社会行业自治问题。本章将以历时性的视角延续这一主题来探讨中国当代社会行业自治的问题。在研究对象的选择上，本章并没有选择某一个行业作为行业自治的研究对象而是选择浙江温州作为行业自治的个案，这种选择的依据本书在第一章已经说明。为了与第三章进行比较，本章在说明温州行业信用问题生成原因后，主要聚焦于两个问题：一是温州行业共同体何以生成；二是温州行业自治的实现机制。

第一节　温州行业信用问题生成原因分析

　　温州地处浙江东南沿海，三面环山，一面临海，境内人口众多而耕地狭小，属于"七山一水二分田"的自然格局。恶劣的自然环境和生存压力使得温州人很早就通过工商业来弥补农业之不足，因此温州的小手工业和商业具有悠久的历史。即便在计划经济时期极左思潮下，温州人也没有放弃家庭手工业生产和商业经营活动。因此，在改革开放正式启动之前温州人就已经在摸索市场经济的发展道路上遥遥领先。改革启动后，温州人凭借走南闯北所获得的市场信息以及由遍布全国甚至全球的温州人所建立的庞大营销网络，率先抓住机遇从事投资少、回报快、技术门槛低的以生活物资为主的小商品生产和建设以小商品为主的专业市场，在那个物资紧缺的年代获得了丰厚的市场回报。但作为市场启动最早的地区，其市场失灵的问题也最先暴露出来，这些问题主要表现在假冒他人商标、产品质量低劣、相互模仿抄袭、压价竞争、挖人才获取对方技术和商业机密等问题，也就是典型的行业失信问题，这些问题几乎遍及温州全境。这种大面积的生产销售"假、冒、伪、劣"产品，最终引发市场的强烈反馈，温州亦由此遭受了市场的惩罚。

对温州而言，下面这两个惩罚是温州人记忆中永远难以抹去的。一是1987年8月8日，在杭州武林广场，5000余双来自温州鹿城等地生产的劣质皮鞋被集中焚烧。这一画面被电视转播后给600万温州人以沉重一击。事情并未到此为止，翌年4月，南京"温州皮鞋"专柜被激怒的消费者一举捣毁。武汉、石家庄等10多城市相继做出决定，将温州鞋驱逐出境。产品质量问题所引发的行业信用危机演化成地方信用危机，它使得温州人和温州地区皆受到连带惩罚。比如说全国很多地方商场不仅拒绝温州鞋，在接连几次大型的全国订货会上，也挂出了"谢绝温州货"的牌子，有的地方甚至出现旅社不接待温州人的现象。二是温州乐清县柳市镇生产销售劣质电器，在全国各地媒体上被连续曝光。如黑龙江鸡西煤矿由于柳市产的劣质电器漏电引发瓦斯爆炸，多人死伤；河南某钢铁公司建成剪彩时因使用柳市劣质低压电器，一包钢水正要倾倒时却突然卡壳，上百万元的产品全部报废。这一系列因劣质引发的问题引起了国务院的高度重视。[①] 1990年3月21日，国务院办公厅转发国家技术监督局等七个部局《关于温州市乐清县生产和销售无证、伪劣产品的情况和处理意见的通知》，点名批评乐清柳市生产和销售无证、劣质低压电器，要求浙江省和温州市坚决查处。与此同时，《人民日报》《经济日报》等国内权威媒体也对此纷纷转载，从而将温州产品质量问题推向了风口浪尖。

温州以产品质量为核心的行业信用问题的形成原因是多方面的，我们可以从市场层面和政府层面两个方面来对这些因素加以总结。

就市场层面的因素而言，首先，温州制造的产品基本上都是技术含量不高、投资成本小、进入门槛低的产品，很容易被仿冒。而且从业者都是刚刚

---

① "十年信用温州建设倾力打造信用之城——写在温州市第十个'8·8诚信日'"[N].浙江日报，2001-08-08（8）。

脱离农业生产的农民，既缺乏市场经济的法规教育，也缺乏质量意识。这种"小、低、散、乱"的产业特征，再加上经营者的反应灵活和数量众多等原因，使得政府的监管既消耗成本又收效甚微。更为重要的是，这些工商业经营者数量巨大，法不责众，只有当假冒劣质产品引发很大的市场反馈甚至引起中央政府和主流媒体关注的时候，地方政府才不得不下大力气加以整治。其次，温州有些产品的低劣还与计划经济体制有关。比如说温州作为国内最悠久的皮革生产基地，却缺乏先进的皮革技术，当时先进的皮革技术基本上被国有企业垄断了，而在计划经济体制下国有企业的技术又难以向民营企业转让。又比如生产低压电器所需要的触头，按照国家行业标准都是使用白银材质，但在高度管控的计划体制下，白银属于被管控产品，只有国有企业才能获得供应，民营企业是无法通过市场来获取。于是温州乐清柳市镇的大部分低压电器生产企业只好用铜来代替白银，还有的企业甚至在铁上涂上白漆冒充白银。再次，巨大的市场需求和不足的生产能力造成的短缺也是一个很重要的诱因。随着民众生活水平的提高，对生活用品的需求量逐年递增，但长期的计划经济体制遏制了生产能力进而造成短缺经济，需求与短缺之间的张力会诱发市场的一定程度上的自发调节。以日用消费品皮鞋为例，温州具有悠久的皮鞋制作历史，在市场对皮鞋的需求量增大时，温州生产的皮鞋很快迅速填充了市场的空缺。温州皮鞋的主要优点是仿真度高、款式新颖、价格低廉，缺点是质量低劣。许多客商来温州以低价大量批发这些仿真度极高的皮鞋，然后以真皮价格进行零售。由于市场对流通渠道的监管不力，作为生产商的温州厂家最后只得承担销售商转嫁的责任。前文所述外地商场和市场对温州货的抵制就是例证。再以低压电器为例，乐清柳市镇集聚了大量的低压电器企业和作坊，除了产品质量低劣这个缺点外，该地的低压电器以品种齐全、价格低廉闻名全国，巨大的市场需求吸引了大量的外地采购员来此进行交易。即便在1990年乐清柳市低压电器被国务院办公厅发文加以集中整顿之际，每天仍旧有大量的外地采购员出入柳市。他们以低价购进劣质电器，然后再以高价向外出售。这些仿真度极高的产品，若没有专门的检测设备很难在外观上对其质量加以辨别，由此导致大量的产自温州的劣质产品流向市场。正如温州商人对当年劣质商品的一种共性解释那样，由于商品经济不发达，温州货在外地很抢手，很多批发商为赚钱就把温州货的价格翻几倍甚至十几倍卖给消费者，因此当年温州货不能说是假货，而是质量差、价格低却又被一些暴利者故意炒高价格，造成质价不符（叶正积，2008：66－67）。当然，遍布全国的几十万温州人销售网络亦使得温州产品很容易进入全国各地市场。最后，温州的假冒伪劣产品具有经济发展的一般规律性。就行业发展的一般规律来说，行业发展往往要经过资本原始积累阶段，在这个阶段企业不是通过质量和技术等优势而是通过价格优势来占领市场。为了降低产品价格，诸如偷工减料、以次充好、冒充他人品牌等失信行为就难以避免。尤其是对于温州这个以轻工业产品为主的地方市场而言，行业内企业的产品具有高度的同一性，目标消费群体趋同，再加上生产规模小、技术含量低、投入成本小等因素，行业内的恶性竞争更容易引发失信问题。

从政府层面来看，温州行业信用问题主要源于地方政府在打击假冒伪劣上的不作为。众所周知，温州有着悠久的工商文化传统，但计划经济下强大的政治和意识形态压力会对公有制之外的经济活动构成排挤。得益于温州地方政府对民营企业的保护和支持，温州民营经济得以暗中发展。下面的事例足以反映地方政府对民营经济的暗中保护和支持：当温州出现许多以家庭为单位的经营户时，为了让这些家庭企业获得合法性，地方政府出台各种行政规定给企业戴"红帽子"，如允许家庭企业以"挂户经营"的名义挂靠在集体企业之下、让不同的家庭户表面上以股份合作制名义联合但暗中仍各自经营等。地方政府对来自中央和上级政府政策压力的消解以及在发展市场经济上的放任，被学术界称之为无为而治。这种无为而治逐渐形成了路径依赖，它也体现在政府对市场监管上的长期缺位或不作为。正如温州市原副市长黄卫峰在1995年《质量立市推进温州第二次创业》的发言中所说的，"由于经验不足和认识上的差距，我们过去在经济工作的指导思想上存在一些偏差，在促进发展和加强管理的关系上，偏重于发展而忽视了管理，认为温州经济基础薄弱，先发展起来再说，对加强管理和规范考虑不多。……当问题被发现时往往已经开始泛滥，结果是打不胜打，堵不胜堵，陷于被动应付的局面"（温州市产品质量管理办公室，1998：35）。温州领导人的上述公开讲话，客观地反映出地方政府"无为而治"理念及其带来的后果。当然，这种"无为"，温州本土学者马津龙将其解释为"无能"。他指出，以往计划经济的一套管理办法无法应对新生的民营经济，同时地方政府对市场化手段又比较陌生，只能选择放弃管理（胡宏伟，2008：192）。如果不是市场强烈的反馈，如果没有来自中央层面的政治压力和媒体报道所形成的巨大舆论压力，这些后果或许仍不会引起温州地方政府的重视，或者说地方政府仍旧没有太大的动力去整治产品质量问题。因为从短期来看，这种质量整治是一项得不偿失的行为：既要耗费高额的监管成本，同时也影响当地的经济发展和财政税收。

产品质量低劣等问题当然不是温州行业信用问题的全部。随着温州民营经济的发展，大量的中小企业围绕某一行业在某一地区集中扎堆，这些企业之间的产品相似度高、替代性强。尤其是因为进入门槛和技术含量低等原因，相互之间的模仿抄袭、挖人才、压价、仿冒等不正当竞争行为也纷纷出现，这些行为尤其是企业之间的竞相压价和相互仿冒等，不仅对单个企业的自主创新而且对整个行业的声誉都构成致命性冲击。如果说产品质量之类的行业失信问题还可以借助政府力量加以强制性监管的话，那么在行业内部出现的竞相压价、相互仿冒、相互挖人才等行业失信问题，地方政府就很难利用行政力量去加以监管和规制。因此，在行业失信问题的整顿治理中，地方政府除了利用自身力量外，还要借助能够有效规制行业内部违规失信行为的力量，这个力量主要就是行业内部的共同体和自治力量。

第二节　温州行业共同体的生成逻辑

自治是某一群体为解决群体面临的共同问题而自发组织起来形成共同体，在共同体内部协调相互间的行动以实现问题的解决。这种不依赖外部力量的治理得以发挥作用的前提条件是共同体的生成。就行业自治而言，行业共同体（或行业组织）就是这种自治得以实施的前提。在与温州市 Q 行业协会秘书长 H 访谈时他告诉笔者，在温州不是所有的行业商会协会都能发挥作用。也有一些民间行业协会商会虽然成立了，但好几年都不开会，协会并没有获得会员支持。只有协会能为会员服务，会员切实体会到参加行业协会的好处时，这个协会才能真正发挥作用。① 对于行业组织而言会员的支持当然是首要的，而会员的这种支持是要通过行业组织为会员提供服务来获得，因此温州很多行业协会和民间商会在组织章程中都将为会员服务置于重要的位置。比如说温州市服装商会章程第二章第三款规定，服装商会要为会员企业提供经济技术信息、贸易机会、资金融通、政策咨询、人才培训等服务。温州市汽摩配行业协会章程则将协会的主要任务概括为两条，第一条是"建立四个公共服务平台"，第二条才是"接受温州市人民政府有关部门的授权和委托，行使有关行业管理职责"②。而温州境内另外一个著名的行业组织——温州市鞋革行业协会，于2014年10月24日宣告成立温州市鞋革行业公共服务平台，协会承诺该平台今后将为温州市鞋革产业链上的所有企业提供技术、人才、金融、法律、税务、品牌、信息、管理、电商及出口共十个方面的免费服务③。鞋革行业公共服务平台不仅为会员，而且对行业内非会员也提供免费服务。该举措有助于提升温州鞋革协会在行业中的威信，当然也可能会对鞋革企业形成有力的吸附效应。当然，除了会员的支持外，政府的支持也是一个必要条件。或者说只有同时得到会员和政府的支持，行业共同体才能生成并发挥作用。正如H所说的，行业协会有没有凝聚力，就是一句话，叫做"有为才有位"，你必须有所作为，能为会员提供服务，能为政府排忧解难，这样才能得到会员和政府两个方面的支持，你的社会地位也就有了。④ 本书将结合笔者在温州的实地调研资料和文献资料，从以下三个层面来阐释温州行业共同体的生成逻辑。

第一，温州地方政府在行业共同体发展上精准的角色定位，这主要体现在对民间力量的自我组织予以认可和不干预。地方政府的这种默许可能跟温州的经济特点相关。首先，温州几乎完全是民营经济，它完全以市场为导向，这种依赖外部市场的民营经济不似国有经济那样得到行政力量的支持而完全由市场来决定其命运。20世纪80年代温州境内由于大规模制售假冒劣质产品，导致温州产品恶名远扬，外地市场逐渐将温州抛弃。这不仅影响众多民

---

① 2011年12月27日在温州市Q行业协会办公室与协会秘书长H的访谈。

② 参见中国温州汽摩配网，http：//www.wzqmp.com/zjxh/xhjj/。

③ 参见中国鞋都信息网：http：//www.shoeschina.cc/article_view.asp？carticleid=10002769。

④ 2011年12月27日在温州市Q行业协会办公室与协会秘书长H的访谈。

营企业的生存，也关系到地方政府的生存。因为温州地方财政税收和政府所承担的公共服务等支出几乎完全仰仗民营经济。在这种情况下，温州政府与民营经济在利益上休戚与共，对于民间自发要求组织起来治理以产品质量为核心的行业信用问题时，地方政府自然是予以认可。其次，温州经济主要以生产面向百姓日常生活的必需品为主，这些产品主要分布在皮革、服装、电器、打火机等行业，这些行业内企业的产品具有高度的同一性，由于大量企业扎堆，使得企业之间的模仿抄袭、压价竞争等现象极为普遍。另外，这些行业的技术门槛也比较低，在专利技术等方面的仿冒等侵权行为也容易出现，再加上还有大量的小规模作业和生产经营分散等原因，有限的政府力量难以实施行业管理。也就是说地方政府没有能力去治理行业失信问题。因此在行业失信问题治理上温州地方政府对民间力量不仅认可而且还寄予厚望。

地方政府的"有为"主要体现为政策上的倾斜和支持。众所周知，在中国"大政府、小社会"的政治格局下，社会力量的发展受到诸多因素尤其是政府因素的钳制。对于民间力量的兴起，政府一方面希望其能够为自己排忧解难，但另一方面又持警惕甚至防范的态度，使得如行业协会这一类社会组织，长期以来也一直发展缓慢。但是在温州，由于民营经济发展快，市场发育较早，地方政府对这类市场主体自我治理的行业组织予以鼓励和培育。例如1999年温州市颁布中国第一部地方行业组织的管理法规——《温州市行业协会管理办法》。另外从2002年起，温州市经贸委每年向25个示范性商会各发放3万元补助金予以支持，但对于商会内部运行不予干预，从而为温州商会的普遍崛起创造了良好的外部环境（胡宏伟，2008：193）。温州地方政府的这种积极有为对于温州行业组织的生成与发展起到了极为重要的作用。

除此之外，温州地方政府还通过对阻碍行业组织发展的相关法律法规的创造性解释，为温州行业组织腾出更大的发展空间。以温州最早成立的鞋革行业组织为例，按照1998年修订的《社会团体登记管理条例》规定，在同一行政区域内已经有业务范围相同或相似的社会团体，没有必要再成立新的社会团体，登记管理机关应该对此不予批准筹备。但鉴于温州市鞋革行业的分工协作发展的需要，地方政府在已经存在温州市鞋革工业协会的情况下，于1999年授权温州市总商会（原工商联）批准成立温州市鞋机商会、温州市皮革化工商会，由此化解了"一地一会"的国家政策与行业发展的地方实际需要之间的张力。政府的这种政策变通，也给了民间行业组织很大的启示，一些行业组织根据市场发展需要积极进行组织内部的制度创新。如温州市服装商会在1994年成立之后，不断根据温州服装行业发展的需要设立各类专业委员会，如1998年在常务理事会下设立设计师专业委员会和休闲服专业委员会，2003年成立针棉织品分会、外贸服装分会和女装分会三个分属机构（陈剩勇、马斌，2004：39）。如今温州市服装商会已经下设五个分会，即女装分会、针棉织品分会、外贸服装分会、裤业分会、印染水洗分会。温州服装商会正是通过设立专业委员会和分会等制度创新化解了我国社会组织管理上的"一地一会""一业一会"的政策瓶颈。若没有地方政府的变通及其带来的示范效应，行业组织上述创新将难以实现。

第二，民营经济与关系网络的双向建构促进了产业集群的形成，产业集群诱发了行业共同体的生成。如果说在中国传统社会，对某一行业的进入设立了一定的门槛，比如说通过学徒制度来实行某个行业对特定人群的开放，从而使得这个特定人群得以形成共同体的话，那么在温州这种机制就不适用。如前所述，温州产业具有"低、小、散"等特征，在技术和资金等方面的进入门槛低，一旦在某个村落社区出现某个行业的带头人，社群内面对面的学习模仿使得这个行业很快在一个村落或集镇集聚发展，进而形成相互竞争和依赖关系，也就是说很难通过某种人为屏蔽方式来阻止这种自发的行业集聚。如从20世纪80年代"一村一品、一乡一业"的行业集聚现象开始，经过30多年的发展，温州目前已经形成了鞋革、服装、塑料、低压电气、汽摩配、打火机、拉链等一批具有竞争优势的集群产业。这种具有高度社会化分工和专业化协作等特点的区域性的集群经济的生成，与温州人的谋生方式和关系网络紧密相关。如前所述，温州是一个境内人口众多而自然资源又极度贫乏的地区，巨大的生存压力驱使相当一部分温州人通过工商业活动来谋生。当然这种工商业活动不是现代大规模生产意义上的经营，而是在外地走街串巷从事各种技术含量低、资本需求低、劳动密集型的小商品的生产与经营。在从事这类经营活动中一方面依靠亲缘和地缘为纽带的人际关系来相互扶持，比如说相互借贷、信用结算等，另一方面在温州人的关系网络内相互模仿和学习，进而形成行业集聚。以温州最早的十大专业市场，如桥头的纽扣市场、虹桥的电子市场，柳市的低压电器市场等为例。早年温州本地并不出产这些产品，就是因为走街串巷式的小商品经营活动，使得越来越多的温州商人将这些商品聚集在温州，最后导致专门生产经营这一类商品。等到全国的经销商都在这里进行商品的零售批发时，专业市场就慢慢成形了。以专业市场为基础，大量的相关企业开始扎堆，形成对某一个产业和行业的专业化、集群化生产经营。这些企业之间形成了非常稳定的交易关系。这样，众多民营中小企业嵌入于温州人的关系网络，而这种关系网络反过来又促进了中小企业之间的相互依赖。在紧密的分工和协作下，完善的纵向产业链和横向的产业集群得以形成。企业集群为行业共同体的生成提供了条件。因为集群内的企业是一个相互依赖、利益相关的共生系统。在这个集群系统中单个企业的生存状况或利益不完全独立地取决于自身，还取决于所赖以生存的其他相关企业或整个企业集群系统（王海光，2009：166）。另外，产业集群下的企业不仅存在产业分工上的紧密联系，同时也有密集的人际关系嵌入其中。产业集群下企业相互之间在利益上的紧密关联以及在狭小地域空间下的紧密关系，很容易催生兼具同业组织与同乡群体一类的民间商会。或者温州的产业集群推动了行业协会的发展。正如有研究者所指出的那样，温州产业集群中大量有着共性的企业在地理上的集中，这种地理上的集中一方面使得产业区内的企业面临着相同的政策环境、市场化程度和产业发展水平，从而在某些利益需求上有着较大的一致性，有利于行业协会在最大范围内代表企业的利益。同时大量共性企业在地理上的集中使它们产生了共同的服务需求（胡建树，2006：37）。笔者认为，正是产业集群下民营企业共同的利益和需求直接诱发了行业共同体的生成。

第三，产业集群下民营企业家群体和精英群体的生成，对温州行业共同体的形成起到了发起或启动的作用。产业集群下的企业既有高度的经济关联，又有紧密的关系联结。尤其在温州，几乎是清一色的民营企业，这些企业又绝大多数为家族企业。大量的家族企业在创制之初规模不大，随着家族企业的规模扩大，企业内部开始分立门户，但是独立出来的企业老板相互之间存在熟人关系甚至血缘关系，他们在原有的社会关系内抱团发展，逐渐形成企业家群体。众所周知，温州是国内轻工业名城，在许多轻工行业如鞋革、低压电气、烟具、服装、眼镜、剃须刀等行业，温州产品都具有重要的市场份额甚至全国性的垄断地位，这些行业集聚了大量的行业精英，强大的经济实力、在社会服务和社会公益领域内的日益活跃，使得这些经济精英在当地逐渐向政治精英和社会精英转化。这种多重精英身份的叠加赋予其强大的组织动员能力。再加上温州地方政府为行业共同体提供的极为宽松的政治环境，诱发这些精英群体能够借助自身拥有的各种资源来为共同体的形成搭建平台。这些企业家群体尤其是精英群体在温州行业共同体的形成上主要扮演着发起人（启动者）和主导者的角色。比如说在行业共同体的发起上，许多行业共同体成立之初一般只有十几个或数十个会员，除了简易的办公场所外，许多共同体连正式的规章都没有，几乎就是靠少数几个精英人物通过为会员服务、打击行业内不正当竞争、为整个行业发展进行谋划等活动逐渐增进了行业内成员之间的相互了解并逐渐赢得更多同行的信任。随着越来越多的会员加入，行业共同体规模不断扩大。以温州服装商会为例，有学者根据资料统计，温州市服装商会在1994年成立之年只有10名会员，1998年发展到156家，2000年是287家，2002年为423家，到2003年6月猛增到1025家（陈剩勇、马斌，2004）。到2011年9月，温州服装商会拥有会员企业1200多家，另外有6个县级服装商会作为团体会员，以及5个分会。

以会长、副会长等为成员的行业组织精英人物，构成了行业共同体的核心小群体，这个核心小群体既是行业共同体的决策圈，同时也是行业共同体的集体行动的动力源。核心小群体中的成员拥有雄厚的财力和多年从业经历积累下来的人力资源，同时因为与社会各界尤其是与政府部门保持的各种私人和组织层面的关系，使得核心小群体具有丰厚的政治与社会资源。这些核心小群体的成员，很多拥有人大代表和政协委员的身份。他们一方面通过为政府建言献策，另一方面也对整个行业的发展出谋划策。为政府的建言献策有助于获得政府的信任和在利益捆绑下政府对行业组织更多的授权，这是行业共同体发展不可或缺的制度条件。最典型的如温州的烟具协会和锁具协会、眼镜商会、服装商会等行业组织，不仅获得行业内维权，而且还获得原先一直由政府承担的质量检验、开业许可等权力。这些都使得行业共同体的自治空间逐渐拓展。而精英人物以及由精英人物组成的核心小群体为行业发展的出谋划策，对行业共同体的形成作用主要体现在提供了信任，这种信任既有人格意义上的人际信任，也有制度化的信任。比如说温州服装商会在会长选任上出现专职会长，温州汽摩配行业协会和温州鞋革协会则出现由秘书长兼任常务副会长或执行会长的情形，这些制度创新并不符合现有的行业组织的章程，但是它对于行业共同体的形成而言，则是非常必要的。以温州服装商会的专职会长和汽摩配协会秘书长兼常务副会长为例，他们具有既在行业内又在行业外的"边际人"身份，这种身份对增强行业共同体的凝聚力非常重要。在行业内是指长期从事这个行业或者熟悉这个行业的管理，因为在行业经营和管理上的业绩而获得会员企业的认可和支持。在行业外是指不直接和行业内成员参与市场竞争，而是以整体抱团的方式与产业网外的企业竞争，这些都有助于获取会员的支持和行业共同体权威的提升。

综上所述，温州地方政府、温州民营经济发展以及在此基础上成长起来的民营企业家群体和精英群体，共同促进了温州行业共同体的生成，其生成逻辑如图4.1所示。

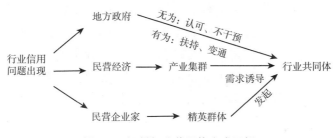

图4.1 温州行业共同体生成逻辑

第三节　温州行业自治的实现机制

有关温州行业组织在包括行业治理在内的公共事务治理中的作用，学术界已经有诸多相关的研究成果，这些研究成果大都认为，温州民间行业商会、协会是中国民间性色彩最浓，自治性程度最高的地方性行业组织。但是由于中国社会转型是在自上而下的行政力量主导下进行，社会的发育往往是政府权力转移和让渡的结果。虽然温州民间社会力量发育比较成熟，尤其是民间商会等行业组织发育程度高，但是这类组织并不是西方自治意义上的正式组织，本书做出这样推断的依据主要有二：一是民间商会与政府不是相互制衡的关系，甚至都算不上是平等合作意义上的关系，最多是发挥着拾遗补阙的作用。民间商会在行业自治上的自主性，也主要是因为其在市场治理中具有政府不具备的优势，通过主动向政府争取然后才逐渐获得政府的授权而获得。二是民间行业组织为了满足合法性的需求，制定了比较完备的规章制度和章程，但是这些规章制度并没有得到严格地执行，或者说制度文本与制度实践并不一致。从笔者在温州实地调研中与民间商会负责人的访谈来看，在对违规会员的处罚上，往往不是依照正式的规章、章程来执行，而是靠人情、脸面、领导人劝说等非正式规范。即便规模比较大、制度建设完善的行业组织如温州市服装商会和温州市汽摩配行业协会，囿于情面等原因，也不公开惩罚业内的违规行为，而是私下通告，万不得已进行公告或者转由行政部门处理。也就是说，温州民间行业组织在治理行业问题时对会员的约束主要通过非正式、非制度化的方式而不是正式化和制度化的方式。自由市场经济意义上行业组织所具有的自主性，如依法自治、较少的行政干预少、组织自身的权威等要素，温州的行业组织尚未完全具备。由于温州行业组织的上述特征，使得温州行业自治在实现机制上既具有中国本土的特色，同时又打上了温州地方社会的烙印。下文将这些实现机制归纳为以下四个，分别是政治嵌入机制、精英治理机制、声誉机制和信任网络机制。

一、"政治嵌入"机制

自经济史学家波兰尼提出"嵌入性"概念后，尤其是经过格兰诺维特的开创性研究，嵌入性概念日益受到学术界重视并流行开来。有研究者指出，自该文发表后，嵌入性的概念不再局限于关系网络嵌入，而是延展到结构嵌入、认知嵌入、文化嵌入、政治嵌入、空间嵌入等维度（符平，2009）。本书的"政治嵌入"概念，主要受到美国学者麦宜生（Ethan Michelson）的启发。麦宜生在研究转型期中国律师行业的时候指出，在律师行业改革前律师是属于国家性质的公共职业，改革后它逐渐转制为个体性质或者私有性质的职业。但由于律师制度不健全和律师职业充满着危险（如律师人身安全受到威胁、在办理律师事务的时候遇到很多阻碍等），所以律师总会通过个人层面和组织层面的关系①来动员和利用政治资源，以便在制度不健全的环境下更好地生存。正是这种不健全的制度背景形塑了律师对权力的依赖，这就是麦宜生"政治嵌入"概念的基本含义（Ethan Michelson, 2007）。

本书借用"政治嵌入"概念来阐释温州行业自治的实现机制，是因为作为行业自治实施载体的温州民间行业组织与转型期的中国律师面临着相似的条件，它也是在不健全的制度环境下生存。无论在行业组织的生成还是自治实践上，它们都要通过个人和组织层面的关系来利用政治资源，进而形成对政治力量的依赖。上一节在温州行业共同体的生成逻辑中已经阐释了它对地方政府的嵌入性，下文将从以下三个层面阐述行业自治实现机制上的"政治嵌入"：一是"政治嵌入"的可能性；二是"政治嵌入"的必要性；三是"政治嵌入"的方式。

（一）"政治嵌入"的可能性

温州行业自治上"政治嵌入"的可能性，首先在于温州地方政府与地方民营企业之间的利益捆绑。在当代中国，地方政府与地方企业之间的关系较为紧密，尤其是 1994 年的分税制改革后（即俗称的中央与地方"分灶吃饭"），地方政府与地方企业日益形成利益共同体。而在温州，地方政府与地方民营企业之间的这种关系不仅形成时间更早，而且关系更为紧密，本书用"利益捆绑"概念来描述这种利益共生关系。众所周知，中华人民共和国成立后的大部分时间里，温州长期作为国家的海防前线而在经济建设上很少得到国家层面上的投资。在整个浙江省温州亦是得到中央财政拨款最少的城市，使得温州境内的国有大中型企业极少。温州地方政府在财政税收上完全仰赖民营经济的发展。温州地方政府对于境内的民营经济采取"无为"的态度，既不公然支持，也不公然反对，但考虑到在计划经济体制的意识形态强大压力下温州民营经济仍旧得到发展，可以看出地方政府对民营经济还是持暗中保护和支持的态度。这一方面固然是由于境内人口众多和资源紧缺形成的生存压力的倒逼，同时也由于发展民营经济在解决民众生存问题后也使得地方

---

① 在律师转制初期，一些律师原来在政府部门尤其是法院等法律机关工作过的经历，使得这些律师不仅与政府、法院等公共部门的工作人员存在私人之间的友谊等关系，而且也与这些公共部门具有组织层面上的业务联结。——笔者注。

政府得到税收。因此，与全国其他地方相比，温州地方政府与地方企业之间的利益共生式的相互依赖关系更为持久和强固。从 20 世纪 80 年代末温州境内大规模生产销售假冒伪劣产品而引发的地方信用危机来看，行业失信不仅对温州民营经济，而且也对整个温州地方社会构成致命性打击。因此在行业自治上，地方政府愿意为民间行业组织自治提供制度供给。

其次是温州地方政府在无为与有为之间的灵活变通。在发展民营经济上温州地方政府是"无为"政府，但在当时环境下这种无为实质上是一种开明和有为。与中国其他地方政府相比，温州政府的一个显著特点就是努力突破官方既有的政策框架来适合本地需要，比如说通过给企业"戴红帽"等方式来支持个体私营经济发展，在国家相关政策还不明朗时温州地方政府不拘泥于或者说先摒弃意识形态，先做再说或者边做边看而不是等待国家政策的出台。这些都充分表明了温州地方政府的灵活变通。这种灵活变通也体现在温州地方政府在行业治理行动上。比如说在 20 世纪 80 年代末至 90 年代初的行业整治中，地方政府根据温州的实际确立了市场管理和调控的八字方针，即"打击、堵截、疏导、扶持"。一方面加强打击力度，通过端窝打点来控制制售假冒伪劣产品的源头，在与邻近地区交界处和水陆交通要道等处设卡堵截以防止假冒伪劣产品流入外地市场，另一方面帮助企业加强管理和改善生产条件，引导企业努力提升产品质量。在总原则和八字方针指引下，温州地方政府具体实施了一系列的措施，在当时的中国这些治理措施具有开创性意义。比如说强化纵向管理，在各级政府建立产品质量管理领导小组及其办事机构来负责本行政区域内质量工作的统筹规划和组织协调等工作。这种划区域治理避免了本区域内质量问题治理上的相互推诿。再比如说实施横向管理，明确规定各个部门在质量治理工作上的主要职责。在产品质量管理领导小组及其管理办公室领导下，与质量治理关系密切的主要部门如企业（行业）主管部门、技术监督部门、工商管理部门、银行税收部门、新闻媒体等全部被动员起来，本行政区域内所出现的质量问题将追究有关部门主要领导的责任，并实行一票否决。另外，温州地方政府还出台一系列奖励政策，鼓励和引导民营企业争创名牌。例如，对于取得"中国驰名商标"称号的企业，政府给予 100 万元奖励，对于获得省级和市级名牌称号的企业，按照不同级别亦给予相应奖励。温州于 1993 年做出"质量立市"的战略决策，提出"三五八质量系统工程"①，翌年又制定了《温州市质量立市实施办法》。温州是新中国第一个实施质量立市的地级市。地方政府在质量整治上的一系列积极有为的姿态，使得温州行业自治上"政治嵌入"得以可能。

温州地方政府的上述动作，一改长期以来温州政府"无为而治"的形象，对温州行业治理工作而言具有示范性意义。但是行业治理上这种自上而下的运动式动员对于温州这样一个经营机制灵活、产业技术含量低、单体经济小、企业分布散乱的民营经济而言或许并不能长期持续。因为温州地方政府既不拥有对这些民营企业的所有权，也无法直接影响和控制民营企业的经营管理权，要实现对数量巨大、经营灵活的民营企业的质量管控和行业失信问题的整治，是极为困难的。或者说行业治理的实效更多地取决于作为微观生产经营主体的众多民营企业的积极参与。但是温州政府以自己的灵活变通，率先在全国引导和鼓励民营企业家组建民间商会和行业协会，并授权这些民间行业组织实施行业自治，这就使得行业自治上的"政治嵌入"得以可能。

（二）"政治嵌入"的必要性

在转型期的我国，行业组织本身就是在一个不健全的制度环境下形成的，行业组织面临的政策和制度环境并没有很高的稳定性，同时行业组织也缺乏实施行业自治所需要的资源尤其是执行规则时的强制执行力，这些因素的存在使得行业自治上"政治嵌入"具有存在的必要性。

首先，有关行业管理事务在我国原先实行的是垂直的部门管理，后来随着市场经济和非公有制经济的发展，以及行业管理事务越来越精细和专业，政府出于职能转移的需要，开始逐渐由部门管理转向行业管理，具体而言就是组建各类行业协会来承接政府转移出来的行业管理职能。但这类新成立的行业协会，基本上由原来的行业管理部门改制而成，协会领导人主要来自政府离退休人员，存在覆盖面窄、官方色彩浓、治理能力差等问题，并不能满足我国经济发展尤其是非公有制经济发展的需要。而与此同时，国家层面上

---

① 所谓"三五八质量系统工程"是指从 1993 年开始到 1995 年底，用三年时间使得温州主要产品的质量达到省内平均水平；从 1993 年到 1997 年底，用五年时间使得温州主要产品质量达到国内先进水平。从 1993 年到 2000 年底，用八年时间使得温州主要产品质量达到或接近国际水平（温州市产品质量管理办公室，1998）。

的有关行业组织的政策和制度并没有契合我国经济发展的实际，相关的权力并没有真正下放，使得行业组织对政治权力的依赖依旧存在。这一点，可以从行业组织业务主管单位的调整上得以反映。1992年邓小平"南方谈话"之后，温州的民间商会得到迅猛发展，商会成员中的非公有制企业数量激增。而1997年由国家经贸委主持的行业协会试点工作在将温州列为试点城市之后做出规定，行业协会的主管部门基本上应是政府经济部门，也可以根据不同情况以地区政府等有关部门为主管部门。但随后1998年修订的《社会团体登记管理条例》以及2000年2月民政部下发《关于重新确认社会团体业务主管单位的通知》规定行业协会业务主管部门并不包括工商联。这种政策文本的变化可以看作是政府有强化对民间社会组织的管控倾向。受这种宏观政策变化的影响，温州的商会更倾向于选择政府职能部门作为业务主管单位。有学者通过两次大规模问卷调查证实，国家政策层面上有关行业组织业务主管单位的调整变化对温州商会的影响巨大（王诗宗、何子英，2008）。也就是说温州行业组织也受到国家宏观政策和制度变动的影响。但是由于温州是中国行业协会改革的四个试点城市之一，它更深深地嵌入到地方政府之中。具体而言就是温州地方政府并不是完全遵照国家政策，而是根据本地的实际情况对相关政策进行变通。比如说对于1998年修订的有关业务主管单位变更的《社会团体登记管理条例》，温州市政府根据本地实际，做出温州市经贸委等业务主管单位可以"委托"工商联进行业务管理的规定。这种变通化解了民间商会这一类行业组织以工商联作为业务主管单位的尴尬。很显然，作为地方性的行业组织，温州民间商会和行业协会不仅嵌入于国家政策之中，更深深地嵌入地方政府的政策和制度创新。

其次，从行业组织的生成来看，温州行业组织虽然具有典型的体制外生成特点，但这种生成亦难以跨越现有的各种门槛，例如，长期延续的双重管理体制，这种制度安排抬高了包括行业组织在内的社团成立的门槛，而到目前为止中国仍未出台"商会法"之类的专门法律，法律合法性的缺失亦使得地方性的行业组织对作为直接管理者的地方政府形成更强的权力依赖。由于相关法律的缺位，行业组织的生成及其职能的发挥更需要借助地方政府的行政授权才得以实现。1999年4月，温州在全国率先制定和颁布了《温州市行业协会管理办法》，赋予行业组织16项管理职能，为其自治提供了行政合法性。在浙江省内三大城市中，作为副省级城市的杭州市和计划单列市的宁波市都享有地方立法的权限，而温州则是普通的地级市，并没有地方立法的权限。这就使得温州市政府出台的行业组织管理办法带有浓厚的行政管理色彩。行业组织法治化的缺失一定意义上抬升了其"政治嵌入"色彩。这更使得行业组织更加主动向地方政府靠拢以获取更多的自治资源。

再次，行业信用的内部治理，不是依靠单个企业就能完成，它需要会员企业形成集体行动，要克服集体行动困境，需要动员包括媒体在内的各种资源，因而离不开政府的支持。在温州，虽然诸多民营企业在政府授权下得以自发组建民间商会和行业协会并借助其实施自治，但不能将这种自治视为西方意义上的自我组织与自治，它直接或间接借用了政治力量。行业组织在获准成立之后，会以各种方式主动向政府靠拢以期望获得政府进一步的支持。例如《温州市服装行业行规行约》第三十一条规定："对有违规违约行为的单位，进行批评教育，或赔礼道歉，以达到纠正错误的目的。对继续违规违约的单位，进行内部通报、行业曝光、道德谴责、开除会籍，以及建议政府机关给予警告、严重警告、吊销执照，直至法律追究，以维护规约的严肃性"（陈剩勇、马斌，2004）。以上表明，温州民间商会在形成初期公信力和权威不足，需要通过主动嵌入政治来慢慢树立自己的权威和公信力。借助于政府相关执法部门，使得商会的权威慢慢树立。正如温州市总商会原会长在口述温州烟具协会维权的历史时指出，1988年烟具协会得到温州市鹿城区政府授权烟具协会行使新产品维权的批复，维权内容涉及新产品外观工艺的仿制、价格残杀、技术偷窃等方面。但依靠协会自身的力量是难以实施维权的。于是烟具协会联合工商、质监部门建立了新产品的维权机构。协会维权公约规定，会员企业必须向协会缴纳10万元保证金，谁若模仿就没收谁的生产模具；谁受侵害，侵害者的保证金就归谁。因为烟具协会没有执法的权力，所以刚开始的时候由工商部门配合协会一起去查处。这个维权事实上是通过政府授权，由工商部门配合查处的，后来协会的威信高了，维权也就执行下来了（朱丹、谷迎春，2008：240–241）。到1993年，烟具协会获得了政府下放的更多的行业管理权，不仅包括新产品维权，还包括企业审批权、产品质量检测权和制定最低保护价等权力。行业组织的规章制度和权威，也是慢慢地被会员接纳。

最后，从更为宏观的政策层面看，虽然法律规定非公有制经济是社会主义市场经济的重要组成部分，但是在具体的政策上，非公有经济仍旧受到各种歧视，比如说在信贷、财政支持、投资领域等方面受到制约。而以民营经济为主的温州，一方面对市场反应极为敏感的民营企业能迅速适应市场需求，但是很难突破政策和制度瓶颈，客观上需要借助温州地方政府来表达其利益诉求。以温州乐清市柳市镇的低压电器行业整顿为例。在20世纪80年代，低压电器的市场需求和利润极大，而计划经济却无法满足市场需要，从而驱使乐清柳市镇农民大规模生产销售低压电器。但是在计划经济年代低压电器开关必需的工业原料——白银是按照许可证定点分配的，那些以家庭作坊式生产低压电器的柳市农民企业根本无法获得白银而被迫用普通金属代替，产品质量为此难以达到国家规定的标准。为此，温州地方政府向中国人民银行总行打报告，为柳市的电器生产行业申请白银供应指标，从根本上保证了柳市低压电器的质量。同时经过温州市政府的申请，当时国家机电部调动了18个研究所的几千人到温州为农民企业进行免费培训，温州市政府也同时派出工作组和技术人员帮助柳市的家庭工业户提高产品质量，并投资兴办一个电器产品测试中心，统一检测外销产品质量（张军等，2006：352 - 353）。乐清柳市曾经因劣质电器而臭名远扬，甚至被国务院七个部委联合下文进行批评，如今却成为中国低压电气之都，其在行业自治上的这种巨大的逆转，与温州地方政府的积极有为是分不开的。

（三）"政治嵌入"的方式

麦宜生将转型期中国律师通过个人层面和组织层面的关系来动员和利用政治资源的现象称之为"政治嵌入"，在温州行业自治中，政治嵌入的方式主要体现为行业组织层面上的政治嵌入。这种嵌入主要表现为以下几种类型。

一是行业组织通过与相关的政府职能部门开展合作，在行业信用问题上进行合作治理。例如，温州服装商会在2000年与温州市质量技术监督局合作成立了本行业的质量技术检测机构，该机构拥有对全行业企业进行质量监督检查的权力以及相应的处罚权。同时服装商会还与国家、省、市技术监督和质量检测部门合作，定期或不定期地开展服装质量抽检（陈剩勇、马斌，2004）。

二是行业组织以自身的治理业绩获得政府的信任，并由此获得更多的行业治理权限。温州地方政府一开始对民间行业协会和商会持默认和不干预的态度，后来随着行业组织在质量整顿和行业自治中的作用日益显著，政府才开始逐渐将更多的行业管理权限授权给行业组织。如在 1987 年杭州武林广场的"火烧温州鞋"事件后，温州鞋革行业中的一些有识之士就开始考虑如何整顿鞋业秩序，重塑温州鞋的形象。在吉尔达鞋业公司老总余阿寿牵头下，1988 年 6 月温州市鹿城区鞋业协会正式挂牌成立。协会由企业自发组建，实行会务自理、经费自筹、人员自聘、领导自选，会员以鹿城区制鞋及之配套产业的企业为主，周边地区部分鞋类企业慕名入会，会员企业达 800 家。这是中国首家制鞋行业协会，也是新中国第一家民间行业协会。鞋业协会成立后立即对温州皮鞋进行了整顿，1993 年，康奈皮鞋摘取第一个"中国鞋业大王"桂冠，在首届"十大中国真皮鞋王"评比中，温州摘取了其中的三枚。如今温州已经成为"中国鞋都"。从 1987 年的温州鞋被集中焚烧到 1993 年温州鞋勇夺中国鞋业大王的桂冠，以及随后获得"中国鞋都"称号，鞋业协会发挥了巨大的作用。温州鞋革协会在行业治理上的业绩已经得到温州政府的首肯，地方政府已经将行业管理的绝大部分权限下放给鞋革行业协会。温州另外一个著名的行业组织是 1991 年成立的温州烟具行业协会。面对温州境内打火机行业的无序竞争，自发形成的烟具协会起到了维护行业秩序的作用，而且还一度在同欧盟的反倾销诉讼中获胜，使得温州烟具协会名声大噪。1993 年温州市政府发出批复，将烟具行业管理的职权交于鹿城区烟具协会。该协会的职权有：（1）管理企业权和审核申报企业权。凡是在鹿城区生产和经销打火机及其零配件的企业，都要参加协会并接受管理；凡是申报企业都首先经协会签署意见并办理加入手续后才能办理企业登记手续。（2）检测产品质量权。每个打火机企业的产品都要由协会专门的监测站检测，监测站的检测报告具有权威性，不再需要由市技术监督部门和商检部门复检。（3）维护企业产品和商标权。协会制定了维权公约，每个会员都必须签订维权公约并自觉遵守，如查获假冒他人标志，按公约的有关规定处罚。（4）产品议价权。协会可以制定临时最低保护价来维护行业健康发展，防止压价竞争等违约失信行为。通过协会的自我治理，温州打火机行业很快就扭转了压价竞争、假冒伪劣等行业歪风，温州获得"世界防风打火机之都"的美誉，并占据世界市场份额的 70%，国内市场的 90% 份额。1999 年，温州市政府发布《温州市行业协会管理办法》，这是继 1997 年国家经贸委将温州列为行业协会改革四个试点城市之一之后，中国第一个有关行业协会的地方法规。该办法赋予了行业协会 16 项职能。① 这 16 项职能主要涉及行业组织在行业信用和行业秩序上的自治职能，只有第一、第二、第十五条涉及承办政府委托事项等职责，由此可以看出，地方政府对行业组织的主要职能定位是行业自治和行业秩序的维护等方面。行业组织也的确在后来的行业自治实践中逐渐摸索出一些有效的自治经验。如 2001 年 11 月 12 日，在温州五金商会内部，成立了专门的锁具维权委员会。五金商会随后发起举行"独立开发创新，决不模仿他人"的大型签字仪式，并制定了《锁具维权条例（公约）》，规定每月 10 日为维权日。五金商会主要对新产品的外观设计、结构设计及包装设计等进行维权认定。当一个企业研制出新产品向商会申请维权后，商会维权委员会对此加以登记、调查，测试合格后由专家鉴定委员会审定通过，然后确定维权期限并在报刊上进行公示、通告，发给维权证书。五金商会的锁具维权条例得到国家专利局的高度评价，认为这是"对专利法的有益补充"。② 温州烟具协会和五金商会内部维权的经验表明，在包括行业内部维权、杜绝抄袭模仿等行业自治上，由民间自发形成的社会自主力量能够比政府自上而下的行政力量更有效。随着行业组织权威的逐渐树立，地方政府将更多的行业管理与治理的权力下放给行业组织，行业组织在行业自治上的自主性逐渐提升。

三是行业组织为政府提供服务，或者说积极地承接政府转移的职能，由此获得政府在行业管理上的一些授权。正如温州市 Q 行业协会秘书长 H 在接受笔者访谈时指出，行业协会本身没有什么权力，它是靠双向的服务来获得其公信力，"有为才有位"。协会要做出成绩，为企业和政府两个方面提供服务，才能获得社会公信力。按理论上说，政府应该向行业协会购买相关的社会服务，即协会提供的是有偿服务，但有时候政府并没有出钱购买（社会服务），协会还是要为政府服务，努力完成政府分配的任务，获得政府的认可，这样行业协会后面的工作才好开展。比如说有关行业的评级，政府如果承认协会评级的权威性，那么企业以后评级就必须经过协会认定，这样协会在企业中的威信就有了。像现在名牌产品的认定，国家名牌要由全国级协会、省

---

① 参见《温州市行业协会管理办法》第五章"职能"第三十一条款。

② 参见中国行业协会商会网，http：//www.fctacc.org/59630.html。

级名牌产品必须要由省级协会认定，市级名牌要由市级协会认定。①

通过与政府部门的合作，以自身在行业治理上的业绩来获得政府信任，以及为政府排忧解难和提供社会服务等方式，行业组织逐渐获得政府更多地授权，渐渐地树立自己的威望，使得行业自治能力得以提升，这是温州行业自治上最主要的政治嵌入方式。

对于行业信用这种俱乐部性质的共用资源的自治，"政治嵌入"是不可缺少的。正如埃莉诺·奥斯特罗姆所说，在自治中除了资源的自然属性等因素之外，影响监督和实施成本的另一个因素是特定环境中的政府对地方规则的合法性的认可（埃莉诺·奥斯特罗姆，2012：237）。为此她提出了自治中的三个层面规则的相互嵌套理论：在操作规则、选择规则和宪法规则三个层次规则中，低层次的行动规则的变更是在更高层次上的一套"固定"规则中发生；更高层次上的规则的变更一般更难完成，成本也更高，但也因此提高了根据规则行事的个人之间相互预期的稳定性。具体来说，操作规则主要涉及监督和实施制裁，选择规则对操作规则进行制定和评判，而宪法规则用来决定谁具有资格制定能够影响选择规则的特殊规则，进而对操作活动形成影响（埃莉诺·奥斯特罗姆，2012：61－62）。套用奥斯特罗姆的有关三个层次规则相互嵌套的理论框架，本书认为温州行业自治中的"政治嵌入"主要包括以下两个维度：第一个维度是温州地方政府对中央政府的嵌入。即1997年温州成为中国行业协会改革的四个试点城市之一。"地方试点"一般意味着中央政府授权地方政府可以根据本地实际来制定地方法规和政策。从上文可以看出，在行业组织与由行业组织实施的行业自治上，温州地方政府在不违背中央政策精神的前提下而是根据本地实际积极有为。第二个维度是温州民间行业组织对温州地方政府的嵌入。温州市1999年颁布《温州市行业协会管理办法》，对温州市行业协会商会进行了较为充分的授权，并且承诺对行业内部事务不干预，使行业组织在自治上能够充分行使自治权力。甚至地方政府通过各种形式的扶持来强化行业组织自治，比如说在行业组织实施自治时因组织自身权威不足，地方政府利用行政力量强行介入，使得行业组织的治理权威逐渐提升。

---

① 2011 年 12 月 27 日与温州市 Q 协会秘书长 H 的访谈。

上文从"政治嵌入"的可能性、"政治嵌入"的必要性和"政治嵌入"方式三个维度对温州行业自治进行的分析，涉及行业组织的独立性、在行业自治实施上对政府的依赖性问题。从学理上说，行业组织的政治嵌入性越深，即对政府的依赖性越高，其独立性往往也越低，这是否与提升行业组织自主性或者说行业组织民间化、自主化改革相悖？关于这个问题，王诗宗等人的研究提出了"依附式自主"概念来解释中国转型期社会组织的自主性问题（王诗宗、宋程成，2013）。该研究认为社会组织独立性与自主性是两个不同维度的概念，二者不是简单的对应关系，组织独立性降低并没有影响组织的自主性。本研究认为，这种"依附式自主"与行业自治上的"政治嵌入"具有相似的概念内涵，即转型期中国行业组织在自治上面临诸多制度和政策上的瓶颈，再加上组织自身在公信力、组织权威等自治资源上缺失，需要借助政府提供的资源，这可能是中国民间行业组织在实施行业自治上无法跳跃的一个过程。

二、"精英治理"机制

本书所指的精英既可以是指个人也可以是精英小群体，他们一般在自己行业领域中取得公认的业绩，经营能力超群，同时也具有较好的人品和人际关系。如前所述，精英人物在行业共同体的生成上扮演着发起人的角色。在行业自治上，也需要借助于精英来促进会员之间的相互信任与合作、利用精英人物的个人魅力、个人权威等来确保行规得以执行。在行业自治中对精英力量的借用，本研究称之为"精英治理机制"。

"精英治理"原本是研究者在研究商会这一类行业组织的治理时所提出的一个概念，被视为商会发展初期的治理模式。即在商会发展初期，行业精英人物的企业往往属于龙头企业或者市场份额占有较大，一旦行业集体利益受损这些龙头企业的受损也较大，这样龙头企业就比其他企业有更大的动力去维护行业的整体利益。换句话说，即便没有商会这一类行业组织，行业精英人物仍旧能够克服集体行动的困境来维护行业声誉和行业利益。精英治理只适合于规模小的商会，随着商会规模的扩大，行业精英的企业市场份额下降，其维护行业集体利益的动力就会下降，集体行动困境开始出现，这就需要在商会中引入一套"选择性激励机制"来推动商会中的理性个体采取有利于集团的行动（郁建兴、宋晓清，2009：61）。

上述对精英治理概念是从经济学的交易成本理论等范式来解释行业组织内会员的集体行动何以可能，这种解释路径将行动者简约化为理性的"经济人"，而忽略了人与人之间的社会关联，无法用它来解释温州行业自治。温州既是一个工商文明底蕴深厚的市场经济发达地区，同时也是一个社会关系发达、内部抱团意识强烈的地区。在温州地域社会中出现民营企业家辞去公司董事长职务而去竞争商会会长，以及民间商会领导人为整个行业发展而竭尽全力的奉献精神等现象，是无法用经济学的理论予以解释的。因此本研究拟将经济学的简约化解释扩展到社会学的解释，即精英不仅仅是理性的"经济人"而且也是"社会人"。这是因为，从温州的产业特点看，温州的行业组织成员大都属于同一个产业集群，民营企业在地域上也很集中，彼此之间不仅是产业链上的紧密合作关系，而且民营企业老板间还是熟人关系。空间上的无选择性和交往上的长期性，经济上的互利合作与社会关系的联结，强化了行业组织中成员之间的关系连带。尤其是民营企业产权较为清晰，企业家本人就是企业的代表，作为会员企业集合的行业组织，实质上也是企业家私人之间关系的集合。这就使得行业组织中精英的行动逻辑不同于纯粹经济学上的理性人。另外，从温州行业组织的生成与特点来看，它们大都具有正式的章程，定期召开会员大会、会长办公会议等，完全符合正式的社会组织的要素。但在行业规则的执行中，这些成文的制度文本不一定得到执行，行规的执行更多地依靠精英人物的人格魅力与私人关系。而且就笔者在温州的实地访谈来看，在执行行规时对精英人物的借用似乎与行业组织规模没有必然的联系。笔者访谈的温州市服装商会以及温州市水产流通与加工行业协会就是两个不同规模的行业。前者是以工商联（现在改为温州市总商会）为业务主管单位的大型行业组织，拥有1200名会员和五个行业分会，后者是以经信委（以前叫经贸委）为业务主管单位的小规模行业组织，只有区区三十几个会员。但是在行业信用的自治中，尤其是对违规行为的惩处上，这两个行业组织都借助了会长或副会长一类的行业精英人物。也就是说，"精英治理"与行业组织规模可能并没有直接关联。

本书对行业自治中"精英治理机制"的阐释，主要从精英的行为动机和精英治理方式两个方面展开。

（一）精英的行为动机

精英一般拥有自治需要的资源，比如说为商会提供经费赞助，自身的经营能力突出、拥有较高的社会声望，甚至具有人大代表等政治身份。在温州民间商会的领导人一般都是由业内龙头企业家这些行业精英出任，这些龙头、骨干企业具有雄厚的经济实力、较高的社会声望，其竞争商会会长的动机按理说不会太强烈。但是无论从笔者的直接访谈还是从媒体的间接访谈资料来看，在温州很多实力强劲的企业家都愿意出任会长一职。我们不能将之单纯理解为企业老总人格上的高尚，而要从超越个体的因素去考量。比如说在产业集群下，以龙头企业为产业核心，聚集了大量的为其生产配套服务的中小企业，龙头企业与众多中小企业之间的产业依存度极高。以乐清市柳市镇为例，这里有全国最大的低压电气产业集群。以正泰和德力西两大巨头为核心，周围聚集着数以千计的中小企业，这些企业大都为这若干个龙头企业生产配套产品。这些龙头企业的负责人出任行业组织的会长，一方面有助于带动行业的整体发展和产业升级，同时也促进了自己企业的发展。因为没有配套企业的跟进，仅仅靠龙头企业单打独斗是很难实现产业发展的。尤其是温州经济的外向型特征明显，很多产品直接出口到国外，在国际市场竞争日趋白热化的今天，产业升级的压力加大。若没有龙头企业的带领，整个行业的产业升级将极为困难。因此，行业精英人物的奉献精神，就不仅仅是利他而且也利己。

对于精英人物的奉献精神，也要将之置于温州产业集群尤其是温州人的网络中加以考量。由于精英嵌入在社会关系网络中，因此不是完全理性化的个体，其为行业发展的奉献精神能够获得来自网络中的声望评价，以及获得其他利益。在温州很多的民营企业都存在跨行业、多元化经营的现象①。精英为行业发展所做的奉献，不仅仅是为了获得社会声望上的回报，同时也是为自己积累商场中的人脉。笔者在访谈温州市 F 商会的常务副秘书长 C 时，

---

① 笔者以为，这种多元化经营恰恰是温州乃至中国企业难以做强的一个重要原因。对于温州民营企业来说，多元化经营意味着重新进入一个自己不熟悉的行业，会降低对主营行业的专注度，因而会面临更大的市场风险。

他就直言不讳地说，他以前也是做 F 行业生意的，但现在这一行特别难做，竞争很激烈。他辞掉自己的生意来竞聘 F 商会的副秘书长，目的是为了增长一下见识。因为温州 F 商会相比国内同行来说，对内对外交流都比较活跃，因为全国各地乃至全世界各地都有温州人。在 F 商会工作有助于开阔眼界，同时也有助于积累自己的人脉。①

在温州这样一个熟人社会，担任商会领导本身就是一个人品、能力等方面的符号。所以温州行业组织出现专职会长现象。笔者在 F 商会调研时，商会提供的资料显示，F 商会的现任和前任会长都辞去公司领导职务而竞选 F 商会的会长。这不能完全归因于会长个人的奉献精神或者人格高尚，毕竟商人在商言商，利益仍旧是最主要的动机。温州人素来有在圈子内抱团发展的传统，这个圈子不仅仅限于某个行业或产业小圈子，它是更为广泛的温州人商圈。行业精英出任会长，有助于为其在温州商界积累声望与人脉。在封闭而关系密集的圈子内，这种人脉和声望具有社会资本意义上的价值，这是另外一种形式的回报，因此其才有动机去全力经营行业组织。

（二）精英治理的方式

一是利用人际关系的力量。这种力量主要来自精英的人格、声望尤其是为行业发展的奉献精神，这种奉献精神或者说无私，使其具有"服众"威望。温州行业组织一般都会制定行业规范和公约，这些以制度文本形式加以规定的行规和公约能否得到行业内成员的一致认可，行业组织能否依照行规对行业内的违规者加以惩戒，对于树立行业组织的权威、实施自治具有重要作用。但是笔者与商会负责人的访谈发现，行业组织正式的制度文本并没有得到严格遵守，行业组织在执行行规行约中，不得不借助于行业组织中精英人物的个人力量来实施。笔者与温州 S 协会的副会长 C 进行访谈时，他指出，在行业自律上，S 协会有自己的管理办法。S 协会会员的产品主要用于出口，在出口前要验货，一般是协会派小组去现场抽查，如果抽样不合格达到 1%，协会就要对其进行罚款，不合格率越高，罚款额就越大，最高罚款额度为 10 万元，这笔钱将被用于协会的办公经费。S 协会以前也有罚款约定，但只是

---

① 2012 年 1 月 10 号，在温州市总商会与温州市服装商会常务副秘书长 CQX 的访谈。

口头上的，去年（2010 年）S 协会把这些规定用文字记录下来，列入协会的规章制度里。但即便这样，协会在执行罚款时还是遇到很大的阻力，主要是违规的会员企业不愿意出这个钱，协会领导出面做了大量的思想工作。主要意思是，你如果不交罚款，以后大家都不会交，协会的规章就无法执行了，最后违规企业还是交了，去年（2010 年）有一个企业被罚了 10 万元，今年又有一个企业被罚 10 万元。①

在对违规行为的处罚上，尽管该协会制定了成文的行业规范，但在实际的执行中这些规范并没能得到会员的自愿遵守，而是通过行业内精英人物做思想工作才得以执行。或者说是借用人际关系的力量来执行行业规范。尽管国内一些研究温州商会治理的学者普遍认为，精英治理是商会发展早期的一种治理模式，主要方式是精英式的领导人、小集团的一致行动和基于人际间非正式制度和关系性契约，这种治理适合规模小的商会，以精英人物奉献精神等来解决集体行动的困境，而随着商会规模的扩大，就需要制度化的合作机制来解决集体行动困境（郁建兴、宋晓清，2009；陈剩勇、马斌，2004）。笔者对这种理想化的假设不敢苟同。正如罗家德对中国共同体中能人现象的分析所指出的那样，中国共同体是在关系社会下发生的，倚重个体，制度化不足，即便建立正式制度，成员对正式制度的信任仍不足（罗家德等，2013）。对于温州民间商会这种具有较强共同体色彩的行业组织内部治理而言，我们不能推断只要促进行业组织的制度化建设，就能克服精英治理的缺陷或者使得行业组织朝向制度化合作迈进。笔者的立论依据是，共同体是具有网络性质的圈子，在圈子或网络中心都有一个核心或者关键人物，这个核心人物对各种关系的聚集程度，不仅影响圈子或网络的规模，而且也会影响圈子内部规范的约束力。学术界有人将此描述为以下两个相反的过程：一个是"个人组织化"，即经由一个人的人格与力量而形成公共性的社会组织；另外一个是"组织个人化"，即社群内部存在一个或者多个以某个个体为中心的圈子，社群因此被某个"圈子"支配或几个势均力敌的"圈子"所瓜分（张江华，2010：15）。由于温州行业组织的会长等行业精英，大都也是社会精英和政治精英（许多会长本身就是知名企业家，拥有人大代表或政协委员

---

① 2011 年 12 月 16 日，在 X 有限公司与温州 S 协会副会长、X 有限公司董事长 C 的访谈。

身份，还有的在市政协和总商会担任要职）。精英的重合性身份，能够使得共同体网络保持不分裂，即维持网络的中心性（李智超、罗家德，2012），使得精英能够发挥自治作用。笔者由此推断，虽然从经济学的理论上看精英治理机制适合于规模小的商会，但是对于那些规模大的商会，即便建立了完善的制度规范，仍很难形成制度化的合作机制，或者说在这种表面的制度化合作的背后，可能仍然是人格化的精英力量发挥作用。

二是行业组织中的精英人物拥有特定的资源，能够对会员企业形成有力的吸附效应，这是精英治理机制得以形成的又一诱因。在市场经济发达国家，政府一般授予行业商会许多权力来规范行业活动和约束会员行为，这些权力也受到法律的强力保护。但是笔者在温州访谈时，受访的几个行业组织领导人几乎都抱怨民间商会得不到国家的授权，因此也就没有强制性权力即所谓的硬权力。商会虽然没有硬权力但拥有软权力，这个软权力主要是商会拥有对会员而言有利可图的机会，它可以通过"机会的有选择供给"的手段来约束会员行为。这非常类似于奥尔森的"选择性激励"方案：它包括社会制裁和社会奖励两个方面，不服从的个人受到排斥，合作的个人被邀请参加小集团。奥尔森认为，这种"选择性激励"的组织具有行使强制性措施的权威和能力，能向潜在集团中的个人提供积极诱导能力。在机会有选择供给方式中，商会在某种程度上同时扮演供给方和分配者两种角色，而会员则是资源需求方的角色，二者之间的关系是不对等的，商会由此能够影响会员（刘玉能等，2012：323 - 324）。而行业组织中的精英分子，往往也是龙头企业，因为其利税大户的地位以及拥有一定的政治身份等原因，与政府无论在私人层面上还是组织层面上都存在各种关联，而一般的会员企业只有依附于商会以及商会中的精英人物，才能更容易获得其所需要的资源。这样，行业组织以及精英人物能够更容易实现对会员企业的吸附。而商会为亦通过为会员提供业务培训、行业资讯、举办展览会等方式来提高行业知名度，在会员受到不法侵害时为其维权等行为，更是一种选择性的激励。例如，在2011年9月集中爆发的温州民间借贷危机中，为了帮助会员企业渡过难关，包括温州市服装商会和温州市汽摩配行业协会在内的诸多行业组织都在温州市政府的号召下，由业内行业精英出资设立互助基金，为资金周转困难的会员企业提供帮助。行业精英为会员提供的上述服务，增强了精英对会员的吸附，同时也有助于行业组织凝聚力的提升。

三、声誉机制

声誉理论发轫于经济学的一个分支学科——信息经济学。信息经济学的声誉理论认为，交易者之间的重复博弈容易形成对长远利益的期望，在一个信息充分传递的交易场域，交易者不会为了短期利益而违约，这种多次和长期交易逐渐积累起来的声誉，会对行为人构成有力的约束，也能起到促进交易双方的信任、降低交易成本的作用。很显然经济学是从理性人的角度来阐释声誉理论的，这种解释忽略了人的社会属性。正如新经济社会学家格兰诺维特对经济学的批评那样，经济学忽略了人与人之间的社会联结，陷入了低度社会化的窠臼。本书拟从社会学的社会网络角度来解释声誉理论，将温州行业自治得以实现的第三个机制命名为声誉机制。

如前所述行业信用是一种俱乐部性质的共用资源，在由行业组织实施自治时，也难免"搭便车"现象。但是行业中的精英人物作为行业组织的发起人一般会承担集体行动的初始成本来促使集体行动达成。经济学对此给予的解释是大企业在市场份额中占比大，如果集体行动成功，获得的回报也大，如果集体行动失败，造成的损失也大，因此市场份额大的企业愿意承担集体行动的初始成本。但是本书认为，既然是集体行动，仅仅依靠大企业是不够的，众多的中小企业如果在行业失信问题上不配合大企业的行为，集体行动仍难以达成。本书拟从集群经济下的声誉约束机制来解释行业自治上的合作。也就是说，温州经济是一种以中小民营企业扎堆而形成的集群经济，在这种集群经济下行业组织成员之间在行业自治上能够采取一致行动，不仅仅是经济激励发挥了作用，还有社会声誉所带来的社会激励也发挥了作用。对于集体行动发起人而言，在地方性产业集群的小圈子里，他的行动更容易获得声誉，这种声誉无形中也传递出该企业具有强大经济实力和社会责任感之类的市场信息。而对于普通会员企业来说，产业集群下的企业之间形成专业化的分工与协作，强化了企业之间的相互依赖，这种集群经济同时因为以亲缘、地缘为纽带的社会网络提供了信任与合作而得以扩展，使得会员企业之间构成一种紧密的社会经济联结。在产业集群下，几乎所有企业都不会轻易从产业集群中退出。那些恶意拖欠和违约、质量不合格、挖别人家的人才或者仿造之类的行业失信行为，在小圈子内部很快被知晓，这会遭到小圈子内部的集体抵制，无异于自绝生路。因此行业成员为了在集群经济中获得持久收益而对自身声誉的注重，就是一种理性行为。

在温州，一些著名商会本身具有较高的声誉，可以通过对会员企业进行声誉界定来激励会员企业守信，同时对声誉欠佳的企业形成压力。商会通过正面的声誉评比排名或者优质企业介绍来对优质会员企业进行荣誉嘉奖，同时也通过负面的消息披露来让违规的会员企业荣誉受损，以此促使会员约束自己和相互约束。通过舆论监督和新闻曝光，商会的有效监督慢慢建立起来，软权力慢慢形成（刘玉能等，2012：329）。在温州，行业协会在产品认证上具有非常重要的作用，企业能够获得行业协会的认可，就能够具有韦伯所说的"团体身份印记"效应。笔者与温州 S 协会副会长 C 访谈时，他指出，近一两年来 S 协会在行业认证上的作用越来越大。由于本协会的产品很大一部分出口到韩国，因此对于产品的检验极为严格。对于那些未经过检验或者检验不合格的产品，协会不会放行。那些经过检验合格的产品，都会在产品的包装箱上印上 S 协会监制的大印，这可以提高本行业的知名度和可信度①。

也就是说，行业协会由于自身具有声誉，使得行业协会能够对会员构成约束，它可以将不注重声誉的企业排除在协会之外。在温州，一些知名的商会如温州服装商会，已经逐渐地在当地树立起自己的声望，具有声誉符号意义。笔者与温州 F 商会会长 Z 访谈时，他指出，商会经常进行各种评比活动，对于优质和名牌产品进行公开奖励。而 Q 协会的秘书长 H 也向笔者反映，Q 协会创办了内部刊物，该刊物除了通报行业信息外，还有一个重要的功能就是对守信的企业进行嘉奖。在温州，一些民间性行业组织经过多年的发展已经逐渐积淀了很高的社会声誉。当笔者与温州市 F 商会常务副秘书长 C 闲聊时，C 副秘书长向笔者说起这样一件事：F 商会作为一个集体在温州是有很高的声誉的。就在今年不久前，建设银行的一个经理向 F 商会了解协会某个企业老板的情况。因为这个企业老板需要向银行借贷，老板本人虽然和银行

---

① 2011 年 12 月 16 日，在 X 有限公司，与温州 S 协会副会长、X 有限公司董事长 C 的访谈。

的这个经理是私下的朋友关系，但是这几年 F 行业不景气，银行放贷有风险，即便私人关系也不值得信任。后来 F 商会告诉银行经理，这家企业经营得不错，在业内口碑也很好。在得到商会的确认后，银行给这个企业放贷了。这家企业当时还不是 F 商会的会员。不久后，这位企业老板主动过来缴会费，申请加入 F 商会。①

这表明，在温州这样一个熟人社会中，银行对 F 商会的信任高于私人之间的信任，这里固然有信息不对称的原因，即 F 商会比银行更了解业内的信息。但是如果 F 商会自身缺乏声誉，银行是很难相信 F 商会的。

在温州行业自治中，声誉机制得以发挥作用的社会基础在于温州人的网络。温州人擅长和习惯于在温州人的小圈子中经商，并且形成了抱团发展的商业理念。在这种闭合性网络内，成员之间不仅是重复博弈关系，而且是长期博弈关系，甚至是一种终生无法退出的关系。再加上相互之间的知根知底和面对面的监督，使得声誉机制发挥约束作用的两个条件——重复博弈和信息对称完全具备。更重要的是，温州人的圈子还因为温州人跨越不同的行业圈而形成圈子之间的重叠。一个失信的人，不仅会被行业圈子内的人知晓，也容易通过叠加的圈子中具有跨圈子成员的重叠身份而广为传递，进而使得失信者在温州人的圈子内难以立足。这就有点类似于现代社会信用体系在信用约束上的基本机理，即"一处失信、处处受制"。笔者在与温州 S 行业协会副会长 C 就如何约束会员进行访谈时，他指出，对违规会员实施罚款是必要的，因为交罚款毕竟不是一件很光彩的事情，经济上受损不说，如果总是被罚，面子和声誉上也过不去，大家都经常在一起吃饭聚会，集中在这巴掌大的地方，平时想不见面都难。以前没有罚款，大家不重视。你不能指望企业能自律，大家都是追求利益的，现在通过行业协会统一认识，靠大家坐在一起讨论关系到大家共同利益的事情。②

C 副会长的言论表明，在温州这样的熟人社会中，会员之间的互动极为频繁，除了正式的会议之外，还有更多的非正式的聚餐宴饮。在这样一个信息对称的小圈子内，被罚款虽然是一种经济处罚，但也带来声誉上的贬损，这种贬损会促使会员遵守行规行约，声誉因此得以发挥对会员的约束作用。

---

① 2012 年 1 月 10 日，在温州市总商会与温州市 F 商会常务副秘书长 C 的访谈。

② 2011 年 12 月 16 日，在 X 有限公司，与温州 S 协会副会长、X 有限公司董事长 C 的访谈。

即便行业组织制定了成文的行业规范，也未能取代完全取代声誉这种非正式的约束机制。笔者在温州实地调研时发现，温州的行业组织在规章制度建设上日趋完善，但行业组织自身缺乏对违规行为进行制裁的强制力，尤其是目前中国仍未出台"商会法"之类的专门法律，更使得商会等行业组织在执行规则时缺乏足够的合法性，但这并不意味着温州民间行业组织在行业自治中无所作为。民间商会可以依靠非正式的声誉机制来发挥对行业成员的行为约束，这种非正式的约束甚至比正式的制度化力量更具有威慑效用。

温州人擅长在圈子里扎堆抱团，离开了这个圈子温州人的优势就不再，这可能是温州人在圈子内极为重视声誉的原因。温州民间商会作为一种经济组织（民营企业）的再组织，其本质并不是西方意义上的社会组织而更接近于一个非正式的关系网络，在这种封闭性网络中，非正式的声誉发挥着比正式制度更大的约束力。笔者在与温州 F 商会会长 Z 的访谈中，Z 会长关于"扶正"与"压邪"的言论，就是对商会在约束会员行为时利用声誉这种非正式力量来弹压违规行为的一种生动比喻。他说，F 商会成立后，会员企业走到一起，相互挖人才、仿冒抄袭的情况少了。大家都知道要自律，否则很没有面子，虽然商会没有法律的约束力，但会员的自律意识加强了，有时候法律还不能起到道德自律发挥的作用。F 商会的作用主要体现在营造一个大的竞争氛围，在这个氛围中进行正面倡导，这样那些不好的企业自己就被逐渐淘汰掉。对于行业治理也是这样，商会能起到的作用主要是扶正而不是压邪，商会的这种正面倡导就是一种扶正，因为没有法律强制力，所以商会不能压邪，但扶正大于压邪，或者说扶正的力量就能起到压邪的作用①。

不仅温州 F 商会在对违规行为进行约束时没有采用强制力，笔者与温州市 Q 行业协会秘书长的访谈时，他也反复告诉笔者，协会一般以扬善为主，很少惩恶，一是协会没有强制的执行力，二是因为大家都是熟人，你惩罚他，对方面子上过不去。笔者认为，在温州 S 协会和 F 商会这些行业组织中之所以很少出现过去那样量大面广的行业失信行为，可能与声誉机制的约束作用

① 2012 年 1 月 10 日下午两点在温州总商会大楼与温州 F 商会会长 Z 的访谈。

有关。有研究认为，温州行业组织在行业自治中对非正式约束力的倚重，一般出现在行业发展的初期阶段，由于行业内部竞争激烈且没有建立正式规约，才不得已依赖非正式的约束力量。例如，温州市美容美发协会对会员之间相互乱挖人才的行为，并没有对簿公堂，也没有根据一种正式制度来制约，而是在长期的互动中形成了不成文的规矩：谁要是挖其他单位的人才，其他会员企业的负责人聚在天桥上以公开谴责的方式对其进行惩罚。但后来随着商会规模的扩大，会员企业越来越多，熟人社会下的信任、脸面、声誉等非正式约束力量应该会逐渐制度化（杨光飞，2007）。比如说温州 F 商会、温州 X 行业协会、温州 Q 协会等大规模的行业组织，都制定了较为完善的制度规范。但笔者在访谈中发现，这些行业组织在实施行业自治上并没有完全按照制度文本来执行制度而是仍旧借重声誉这种非正式力量。为什么悬置正式制度不用而要利用非正式的声誉来约束会员？笔者给出的解释是，在实施行业自治中，由于会员之间存在高度的依赖，彼此之间知根知底，这种封闭性网络本身就可以依靠网络内生的非正式的声誉力量来对会员实行有力的约束。

四、信任网络机制

"信任网络"概念是美国政治学家、社会学家查尔斯·蒂利在《信任与统治》一书中提出的一个概念。蒂利是在信任关系网络如何与政权隔离、如何使自身政治化或者与政治网络建立联系的视角下来探讨信任网络的。他认为不是任何网络都可以称之为信任网络，而是需要同时具备以下四个条件的网络才能称得上信任网络：首先，信任网络是由一群有共同纽带的人群组成；其次，在共同纽带下网络成员之间彼此扶助，成员的重大诉求得到关注；再次，网络成员共同承担着重大而长期的事业，如长途贸易、工匠互助等等；最后，网络成员的纽带源于将共同的事业置于个体成员的失信、失误和失败的风险之中（查尔斯·蒂利，2010：6）。本书认为，温州商人组成的网络，与信任网络的上述特征高度吻合。首先从共同纽带来说，温州商人网络的纽带主要是独具特点的温州方言和"有钱大家一起赚"的抱团理念，这种纽带也是温州商人最简便的识别标志①。其次，在这个纽带下温州商人之间彼此扶助。比如说经常在一起交流市场信息，在商业活动中集体抱团将外地商人排挤。再次，温州商人素以追求高额的市场回报闻名，高回报背后往往伴随巨大风险，需要成员共同承担，这些都依赖成员的高度信任。最后，个体成员的失信、失误等会对网络成员的事业构成致命危险。以 2011 年 9 月爆发的民间金融风波为例。由于国家银根缩紧、实体经济不振等原因，处在"互保链"上的企业因为个别企业老板的出走（媒体用"跑路"一词）导致"互保链"上大量企业受到牵连，最终引爆最近二十多年来温州最大的民间金融危机，对温州商人集体声誉构成巨大冲击。

以上将温州商人网络与信任网络的比对发现，温州商人网络完全符合信任网络的四个条件。下文将从信任网络对成员的约束方式来阐释温州行业自治的实现机制。这种约束方式主要就是蒂利所说的"信任网络的持久监控、互助互惠、彼此信任和难以退出"（查尔斯·蒂利，2010：8）。

信任网络对成员的持久监控、互助互惠以及成员的难以退出，与网络的封闭性结构有直接的关联。前文已经论述，温州人以在圈子内部的抱团而闻名，独特的温州方言构成重要的温州人识别标志。由于温州境内自然资源匮乏，却长期承载着较多的人口（在 2016 年之前，温州一直是浙江人口最多的地级市），而人均受教育水平也不高，也就是说在人力资本上不具有优势，那温州人的优势在哪里呢？笔者以为温州人的优势就体现在以抱团的方式开拓市场，或者说依靠温州人的社会网络（王春光，2000；项飙，2000）。这种社会网络不是一般的社会性交往，而是一种经济行动与社会关系相互建构而生成的网络。具体表现为在经济活动中依赖社会网络而相互扶持，共同分享网络内的利益，同时经济活动反过来又会进一步强化网络。在经济与社会的相互建构和嵌入基础上形成发达的产业集群，在行业自治中，集群经济本身有助于催生信任。因为产业集群下的大量企业是嵌入在同一产业共同体中的上下游企业，这些同类企业相互之间具有高度的关联和相互依赖，会员彼

---

① 笔者在温州调研时，一些接受访谈的温州人士告诉笔者，温州话是中国最难懂的地方话之一。甚至还有更为传神的说法，说当年抗日战争时期因为担心电报被日军情报部门破译，前方战线直接使用操温州方言的勤务兵来交流，让日军无法破译，因此温州话也被戏谑为"鬼话"，意思是鬼子都无法听懂的话。当然，笔者未就此加以文献考证，但这从一个侧面反映出温州方言的独特性。

此之间存在紧密的合作。这种合作所催生的信任，是一种哈丁（Hardin）所说的"相互为利"的信任，即在工具性动机的引发下，由于双方都掌握对方的利益，因此双方具有高度的依赖性。而双方持续的交易又使得人们会预期对方的行为值得信赖，进而产生心理上的依赖（转自罗家德、李智超，2012）。以温州鞋革产业集群为例。温州市鹿城区的双屿镇是温州鞋革产业集群地，近年来面临用地紧张等制约产业发展的一系列难题，一些企业搬迁到西部重庆璧山和中部安徽宿州等地，重庆璧山因为温州鞋企的搬迁后来荣获了"西部鞋都"称号，但这并没有能够撼动温州作为中国鞋都的地位。这就是产业集群的互相依赖效应。这种互相依赖，在温州的低压电气产业集群中也极为明显。在温州乐清市柳市镇，形成了以低压电气产业为核心的完整的、纵向的上下游产业链和横向的相互配套的各类服务市场。在纵向产业链中，既有如正泰、德力西这样的巨型龙头企业，也有如天正、人民这样的特大型企业，更有数以千计的中小企业和家庭作坊类的微型企业，这些不同层次的纵向企业之间的关联性和配套性极强。同时，以低压电气产业为核心还形成了各类完善的服务市场，如物流市场、信息市场、技术检测市场等。这种纵向与横向两个层面的产业集群使得低压电气产业能够形成强大的吸附力量，单个企业若离开产业集群将很难发展，即便如正泰这样的巨型集团将研发总部迁往上海甚至美国硅谷之后，作为产业主体的实体企业仍旧留在柳市镇。产业集群下"相互为利"的信任，在笔者与一位在柳市镇从事注塑产品加工的宗亲的访谈中得到印证。他对笔者说：

> 我生产的注塑产品是专门为柳市的低压电气提供配件。我的一个多年的客户，是温州本地人，我专门从他那里买料进行加工，他为我提供原料，我负责为他加工。我们也没签订什么协议，对方说产品加工好后马上付钱，即便拖延也就三五天，不会超过一周的。对于订单量特别大的客户，我们会签订合同，但（合同）极不规范。我以前是学法律的我知道，你一开始就把合同规定得死死的，对方也会不太舒服，这个行业多年的习惯就是这样了。（在合同签订上）大家都是一个粗略的约定，再说万一有什么纠纷也还是靠双

方协商解决，很少按照合同来。①

　　笔者的这位宗亲，作为一个外地人和温州本地人在经济交往中逐渐发展出信任。这种信任绝不仅仅是人际情感，而是带有工具理性。因为他长期从事的注塑加工行业，只为柳市镇的低压电气企业供货，对这里的低压电气产业形成了高度依赖。尽管这几年实体经济不振导致行业不景气，但他也不会轻易退出这个行业，因为前期投入了巨大的成本。产业集群中因高度协作和分工形成的相互依赖，会引发相互信任。笔者与宗亲合伙人的一次闲聊中，对这种相互信任有了更为深刻的体会。他说：

　　　　我今年直接亏损近 20 万元。在年初的时候，一个客户到我厂里面现场实地考察了一番，当场下了一个百万元的订单。当时并没有签订合同，我们这边的客户都是这样，客户来你这边考察后，如果觉得满意，一般就是下订单，我们拿到订单后就按照客户要求，把产品加工好后发货过去，对方过一段时间回款。拿到对方的订单后，我于是就向朋友集资了 100 万元，买了三台机器，到 4 月份的时候，已经生产了 20 万元的产品，可对方突然打电话告诉我，因为他的上游的客户取消了订单，他的产品也卖不出去，因此他给我下的订单也被迫取消。就这样，我今年没有生产了，除了机器和原料全部闲置在厂里外，还白白亏损了 20 万元。

　　（问：当时有没有和对方签订合同？）

　　　　我们都是同行，上下游企业，这里的规矩是都不签订合同，口头约定好就行了，一般都不违约的。

　　（问：那你怎么看待对方取消订单，是不是对方不守信用？有没有考虑过打官司？）

　　　　其实也不能说对方不守信用。今年生意难做，整个大环境都是这样，他也是很无辜的。打官司是不可能的，一是你没有和他签订正式的合约，打官司要有凭证啊。再说，大家以后还有业务上的往

———————————

① 2011 年 12 月 23 日与笔者宗亲 WH 在其注塑加工厂的访谈。

来，还得保留这个关系，打官司又不能挽回你的损失，还会损害双方的关系。在我们这一行，一般都是靠老客户来做生意，新客户也有，但不如老客户好。整个柳市的电气产业链都是这样，接到订单就生产，没有订单就停机器。有时候订单突然增多，就得加班加点，有时候订单少，就少开动机器。①

该访谈至少反馈出以下几个重要信息。第一，在温州低压电气产业链中，因为外部市场的瞬息万变，使得产业链条中的许多中小企业之间的合约极为灵活，逐渐形成了非正式的合约，也就是说不签订正式的合约而是靠口头约定。而且以往行情比较好的时候，失信者极少，这种非正式的口头约定具有很高的可信度，即长期交易形成了一种相互依赖的信任。即便因为外部市场变化导致口头约定未能履行，交易者之间也并不认为这是恶意违约而予以理解。第二，新客户存在更多的风险从反面说明过去的长期合作关系更为可靠，也表明以往合作经验形成的声誉对合作仍旧是重要的。第三，在产业共同体中，大家共同承担损失和风险，对违约行为不会诉诸法律。以上就是典型的互相为利的信任，这种信任对行业信用起到了有效的维系作用。

信任网络机制作为温州行业自治的重要机制，与其他三个机制不是并列或对立，而是相互支持，尤其是与声誉机制相互交织。上述四种机制在行业自治中得以实现的基础，在于温州地方社会在社会结构层面上的封闭性。在这种封闭性的社会结构下，行动者在关系层面上彼此信任和相互协作，进而形塑了其在认知层面上的集体抱团意识。

本章小结

本研究选择温州作为当代中国行业自治的研究个案，并不是因为温州的行业自治具有样本意义上的代表性，而是主要因为以下两个原因：一是温州在行业自治上有着成功的经验，在全国其他地方行业自治难以取得突破的情况下，温州的成功经验就具有典型的意义。二是在市场经济下行业自治主要以自治性的行业组织为载体来实施，没有自由竞争的市场经济和自治性的行

---

① 2011 年 12 月 25 日与笔者宗亲合伙人 XHB 的访谈。

业组织，行业自治就成为无源之水。而温州恰恰具备这样的条件，它不仅是中国民营经济的发源地，也是中国市场经济的风向标，尤其在民间行业商会和协会的发展上更是领先全国。其行业组织较强的民间性和自治性等特征，非常契合本研究的主题。本章首先从温州行业信用问题生成原因谈起，这是温州行业自治的逻辑起点。然后从温州地方政府的有为与无为、发达的民营经济与产业集群、企业家群体和精英群体的形成等角度阐述温州行业共同体的生成逻辑。最后对温州行业自治的实现机制加以解析，本研究将这些机制归纳为政治嵌入机制、精英治理机制、声誉机制和信任网络机制。下一章将在本章研究基础上，建构温州行业自治的理论分析框架。

第五章

温州行业自治的理论分析

第一节　温州行业自治的条件

　　行业声誉或信用作为一种俱乐部式的共用资源，在治理中也会遇到跟西方类似的"集体行动困境"问题。就笔者在温州实地调研的发现来看，导致集体行动困境或失败的原因无外乎以下几个方面：对违规会员企业实施惩罚时遭到违规者的抵制、在集体抵制中一些会员不参与集体抵制甚至暗中与被抵制者交易来获利的不配合行为、在组织动员中一些企业不参与而坐等他人行动的"搭便车"行为、对行业组织及其领导人不信任导致会员退会或组织涣散问题、行业内精英不愿意出任行业组织领导问题（会分散自己精力）等。

　　本书认为，行业自治作为行业内成员在不依赖外部力量下自我组织起来共同应对行业内失信行为的一种治理方式，它的顺利实施需要解决以上这些问题，本书将这些问题归纳为以下几个必备条件：行业内成员以某种方式形成共同体；在共同体内部成员之间能够进行相互监督和约束；行规行约能够得以自发执行；由于行业组织领导人为行业共同体的生成和集体行动的达成而承担了先期的成本，因此需要具备对组织领导人的内在激励；行业内成员之间的相互信任以及成员对组织领导者的信任，这种信任能促使行业成员自觉配合其他成员和行业组织采取一致行动；自治的权威虽然可以借助外部权威比如说政府的权威，但是最主要的权威还是来共同体自身，因此需要在行业共同体中培育内部权威。若不能具备以上要素，行业自治将难以实施。下文将结合温州行业自治的实践来分析温州行业自治得以实施的上述条件是如何具备的。

一、行业内成员如何组织起来

从理论上说，同行生产的产品面对的是共同的市场消费者，同行之间是相互竞争关系。但是如果同行之间出现相互压价、互相仿冒、相互挖对方人才等不正当竞争行为，最终可能会导致整个行业声誉的下降进而影响到全体同行的利益，因此同行之间有联合起来共同维护行业声誉的需求。温州民间商会正是在 20 世纪 80 年代中后期温州出现严重的行业信用问题之危机背景下形成的。在温州行业内成员能够组织起来，一方面得益于温州地方政府对行业共同体权力的默认和地方政策上的扶持；另一方面与行业精英人物的动员以及在发达的产业集群下民营中小企业的集体抱团的经营方式有关。前文对此已有详尽的阐述，此处不再赘述。

二、行业共同体内部成员之间的相互监督与约束

自治的实施主要依赖共同体内部的约束力，而共同体内部的约束力又来共同体成员之间的相互监督与相互约束。在温州行业共同体中，组织成员之间不仅是同行关系，同时也具有同乡关系甚至血缘关系。而且温州产业大都具有共同的特征，即大量的中小企业聚集在某一个特定的地域空间内，相互之间存在紧密的协作和分工。再加上温州人喜欢在圈子内相互交流市场信息，使得成员彼此之间的信息也是公开和透明的。信息的公开透明有助于彼此之间的相互监督和约束。

三、行规行约的自我执行

在温州，行业组织或共同体一般都制定了章程和规章制度，尤其是对于行业失信行为一般都规定了惩戒措施。但是这些规章制度并不能够保证会员

能够自觉遵守。行规行约若不能自我执行，行业自治便难以实施。就笔者与温州民间商会协会领导人的访谈来看，温州行业自治中行规行约的自我执行，一是倚赖行业组织领导人的个人人格与威望，比如说 S 协会在对会员罚款时遇到难以执行问题，由会长出面做思想工作加以劝说。二是倚赖小圈子内部的声誉、舆论、脸面等非正式规范。在笔者调查的温州 F 商会和温州 Q 协会，前者主要通过"扶正"来"压邪"以及各种行业内部的评比来督促会员遵守行规行约，后者则通过对诚信会员的公开褒奖等方式营造诚信经商的氛围。这些方式虽然没有直接对违规者进行惩戒和打压，但是在注重面子和声誉的小圈子中，如果圈子内部的其他企业获得褒奖而自己一直榜上无名，自己就会面临社会压力，更不用说因违规失信行为给自身带来的舆论压力和声誉受损了。

四、行业组织或共同体领导人的激励

在温州，以会长和副会长为代表的行业组织领导人一般由行业内的龙头企业和有影响力的骨干企业家出任，能够胜任会长等职务，一般还要具备良好的人品和人际关系，甚至还要具备一定的政治身份。一般而言，具备上述要素的精英，可以不必通过民间商会领导人的身份来获取资源，因为他完全可以凭借在行业内的影响力和与各个部门之间的私人关系来获取有利于自己企业发展的各种资源。因此对行业组织领导人的激励成为其是否愿意出任组织领导以及为行业发展倾注心血的前提条件。罗家德等人的相关研究提出这样的观点，即"能人"通过牺牲物质利益来获得声望和权威，也就是用物质利益换取非物质的声誉（罗家德、孙瑜等，2013）。但是笔者认为，温州是工商文明底蕴极为厚重的地区，商人"重利"观念深入骨髓，行业精英愿意牺牲物质利益来承担行业内集体行动的初始成本，绝不仅仅是为了获得声望和权威，应该将其行为动机置于温州的产业发展特点和温州人的经商理念中加以考量。温州产业的最大特点就是单体规模小、企业数量多，单个企业并没有市场竞争优势，温州人依靠内部抱团，以行业整体的发展来增强市场竞争力。行业精英通过出任行业组织领导并积极投身行业公共事务来谋取行业整体的发展，不仅给其他会员企业而且也给自身企业带来收益。另外，作为行业组织领导人获取的声望还会带来潜在收益和长远利益，因为领导人在小圈子中的这种声望极为容易扩散，有助于其积累以人脉为核心的各种社会资源。行业整体利益会促进个人利益的实现以及在稳定的关系网络中可以确保长远利益等可以形成对行业组织领导人以及组织会员的有效激励。

五、如何解决相互信任

凡是合作行为都必然涉及相互信任问题，信任从某种意义上就是对他人行为和未来的某种稳定的预期，这种稳定的预期会使得互动双方不背叛对方进而使得合作行为得以达成。行业自治就是一种典型的合作行为，它涉及行业内成员的一致行动，比如说集体抵制失信者，相互承诺遵守行规行约等，这些行为都需要以信任为基础。在温州行业自治中信任问题主要通过以下方式予以解决的。一是行业会员对行业组织领导人的信任。因为很多集体行动都是由共同体领导来发起和动员，若没有对领导人的信任成员也很难配合共同体领导的倡议和动员。领导人的人格魅力、良好的人缘、突出的经营业绩和能力，当然还有更重要的原意为行业发展全身心倾注的奉献精神。比如说温州F商会的前后两任会长都放弃自己企业的业务经营而担任服装商会的专职会长。对领导人的信任有助于凝聚组织力量，从而集体行动更容易达成。二是行业成员之间的相互信任。温州人素来以内部抱团而著称，相互之间的市场信息交流、相互借贷等融资行为强化了彼此之间的信任。尤其是在产业集群下，会员企业之间存在长期稳定的交易，这种交易会促使哈丁所说的"互相为利"信任的生成。

六、自治的权威来源

从社会秩序意义上说，任何社会秩序都是建立在"合意"即成员的认可与一致同意的基础上。权威作为一种被认可或者说合法化的权力，对于确保行规行约被会员遵守来说是必不可少的。就温州行业自治而言，其权威主要来自以下两个方面：一是地方政府的有意授权和默认，比如说将行业管理的诸多权限如评优、品牌认定、业内维权、专业职称评定等逐渐下放给民间商会，甚至在民间商会无法执行这些权力时通过强制性的行政执法和权力干预等方式来树立商会的权威，这就是前文所说的"政治嵌入"方式。二是来自行业组织精英人物的人际关系与人格感召。比如说在制裁违规行为时针对违规会员的不配合、不履行合约等问题，往往由行业组织中的精英出面做思想工作。违规者碍于情面，或者说对民间商会协会会长个人的服从等原因，使得他不得不遵守行约和接受惩罚。也就是说，行业组织的权威往往与组织领导人的个人因素相关。

第二节 温州行业自治的理论分析框架

除了具备上述六大条件外，温州行业自治的实施还与温州地方社会的独特性相关。这种地方独特性可能使得温州行业自治在治理基础、实施方式和机制等方面与中国其他地方的行业治理存在区别。因此，本书以温州行业自治为研究对象所得出的结论和建构的理论不一定适合推广到中国其他地区。但是在温州个案研究基础上建构的理论对于回答和解释中国民间行业组织何以实施行业自治这个问题具有理论和现实上的双重价值。下文将从温州民营经济、温州产业集群、独特的温州地方政府、温州人的网络、温州行业组织的制度创新等几个维度来建构温州行业自治的理论框架。

一、产权明晰的民营经济

温州是一个辖区人口众多、工商文明发达的城市，境内国有企业很少，国有大型企业更是几近阙如，这种情况在全国同类城市中极为少见。温州境内的企业基本上是清一色的私有或民营企业，这些企业本身产权就十分明晰，而且还得到地方政府的支持。在明晰的产权下，只要政府引导得当，市场的自发激励机制就较为容易发挥作用。比如说20世纪80年代末温州在大规模进行质量整治过程中，一些民营企业注重自身声誉，在随后兴起的市场经济大潮中获得了巨大的回报，这反过来激励这些企业更加注重声誉和质量，企业越做越强。以20世纪90年代初对温州乐清柳市劣质低压电器的专项治理为例。在上级政府和当地政府对劣质低压电器的高压打击下，仍有一些企业继续制售劣质电器，而以正泰集团为首的一些企业一开始就坚持以产品质量和企业声誉为第一的原则，这些企业由此获得了巨额的市场回报，在这些企业的示范下，柳市其他的低压电气企业陆续对产品质量和品牌建设予以重视。如今在区区 40 多平方千米的柳市镇，形成了全国最大规模的低压电气产业集群和全国最完整的低压电气产业链。在柳市低压电气城，矗立着全国最大的两个电压电气巨头——正泰集团和德力西集团的总部，同时在电气城附近还有数十家全国著名的电气企业，以及数以千计的中小企业。温州就是凭借柳市低压电气产业集群而荣获"中国低压电气之都"称号。柳市低压电气的发展只是温州境内民营企业的一个样本，温州其他产业经历了大致相似的过程。明晰的产权和对产权的保护会促使民营企业更加追求自己的长远利益和企业声誉，从而有利于形成对企业主的行为约束。

二、产业集群

温州境内的民营企业具有高度的类似性，如生产的产品主要是面向百姓日常生活的必需品，企业的单体小，技术含量不高等。但是这些数量众多的民营企业在社会网络下形成了紧密的分工与协作，使得产业集群得以形成。产业集群是经济网络与社会网络相互嵌入的结果：经济网络因为社会关系网络的存在而得到促进和扩展，社会关系网络也因为经济上的互惠互利而不断得以强化。

从市场治理方式看，产业集群尤其适合自治的方式。新制度经济学家威廉姆森的交易成本理论认为，影响经济交易治理结构的选择主要有交易频率、资产专属性和环境暨行为不确定性这三个要素。当交易频率、资产专属性和环境暨行为不确定性三者都高时，适合于层级治理方式；当三者都低时，适合于市场治理方式，此外还有非正式的网络治理方式（罗家德，2011：43 - 45）。如果从交易成本理论来看，温州产业集群下的企业交易频率和资产专属性高，企业在地理上的集中和相互嵌入的社会关系使得环境暨行为不确定性大大降低。这使得行业自治得以在关系网络中自我实施。

产业集群使得行业自治得以实施。因为集群经济下企业与企业之间、企业与协会之间的信息交流相对频繁，减少了企业与企业之间、企业与协会之间的监督成本。比如在处理恶性价格竞争的问题上，由于企业在产业区内的大量集中，企业的日常活动相对透明，在某个时间哪家企业是"害群之马"很容易被发现，这样一来就大大减少了投机行为的存在。同时产业集群中的企业在长期合作过程中形成了"内化规则"，这种"内化规则"是指人们通过习惯、教育和经验达到自发地服从的一种不成文但有约束性的行业规则。企业在长期合作过程中形成的这种"内化规则"使得人们的某些行动不再需要外界的约束，而是一种自发的行为。正如有研究者所指出的，专业化分工背景下产生的这种"内化规则"已经成为行业协会迅速发展所需制度供给的重要来源（胡建树，2006：37）。在由行业组织或共同体实施的行业自治中，专业化分工下生成的这种不成文的内化规则对成员的失信行为构成了有效的约束，使得行业自治成为可能。

三、独特的温州地方政府

在阐述温州民间行业组织生成时本书已经提及温州地方政府所扮演的两种重要角色：认可与不干预以及扶持与变通。在温州行业自治中，独特的温州地方政府发挥着重要作用，这种作用主要体现在根据本地实际为行业治理提供制度供给。与计划经济下地方政府主要作为中央和上级政府指令执行者的角色不同，温州地方政府无论在支持境内民营经济发展上还是民间商会等社会力量的培育和支持上，都积极有效地回应民间社会的需求。这其中既有文化观念上的原因也有现实的原因。在历史上温州就很少受中央集权影响，比如说在文化观念上"工商皆本"的温州永嘉学派对"重农抑商"的正统思想有极大的偏离，长期的工商业实践使得在这片土地上逐渐积淀了不唯上、不唯书、只唯实的务实精神。而从现实原因看，温州境内人口众多土地狭小，生存压力一直没有缓解。长期作为国家海防前线尤其是台海前线又使得温州获得的国家投资极少，因此只有靠温州人自己的力量生存。上述这些原因使得民间社会对地方政府形成巨大的倒逼力量。也就是说，温州地方政府因上述原因，才与民间社会形成极为紧密的联结。温州地方政府的独特性，主要表现为在地方政策和制度的制定尤其是执行上，地方政府会利用作为国家经济与社会改革实验区等优势进行政策上的创新来保护、培育民间的自主力量。

在温州行业自治中，地方政府在提供自治的制度供给和必要的强制性权威介入时，并不直接参与行业组织内部的规则制定。在行业组织主动向政府求助时，地方政府会协助行业组织来实施自治。比如说在乐清柳市的电压电器整顿中，地方政府帮助建立全国第一个低压电气检测站，向上级政府申请专家予以技术帮助和指导。地方政府在与民间商会进行合作治理过程中，将一些专业性的行业管理权限逐渐下放，待行业组织的权威树立后地方政府逐渐退出。地方政府的这种权威支持对于自治是必要的。正如奥斯特罗姆所言，虽然人们能在社群拥有较高共识度的条件下自行发展出内部的制裁系统，但这些系统可能需要外部权威的配合才能更好地发挥作用。共同体的公共池塘资源可能有时也需要借助外部的强制力以确保协议能得到人们的共同理解并被严格执行（埃莉诺·奥斯特罗姆等，2010：362）。

四、温州人的网络

一般认为，血缘和地缘关系是一种强关系，这种关系是传统社会中两大最基本的关系。但是就笔者对温州的研究来看，温州人的关系网络与传统社会既有相同又有不同。相同在于温州也是一个典型的熟人社会，血缘和地缘关系也是最基本的关系。不同之处在于温州人的这种关系因为经济活动而得到强化，并逐渐形成内部紧密抱团和对网络外的排斥。笔者以为，如果关系网络不能带来现实的物质利益，不能传递有用的信息，关系网络不能被经常激活，这种关系的强度和紧密度就会逐渐松解。温州人长期在外经商，相互之间传递有价值的市场信息。温州商人致富的一个秘籍，就是在圈子内部传递信息并以集体抱团的方式来抢占市场。为什么在长期的计划经济体制下温州人反而如鱼得水，而市场经济启动后温州的经济反而相对下滑？笔者给出的解释是，在计划经济体制下很多的市场信息难以通过正式的制度渠道而是更多地通过非正式的关系网络渠道来传递。越是强关系，传递的市场信息往往越真实，而越真实的市场信息带来的市场回报就越大，反过来就使得关系进一步强化。温州人的关系网络正是体现为这样的特征。这种网络除了因为经济活动而不断强化之外，它还体现出较强的封闭性。前文已经提及温州人网络封闭性的两个最主要表现，即独特的温州方言和有钱大家一起赚的经商理念。再加上温州人经常聚集起来相互交流经营心得和市场信息的习惯，更使得封闭性网络下成员之间的信息几乎完全透明，违规失信会迅速在圈子内部传递开来。封闭性网络下的信息充分传递使得非正式规范能够发挥对成员的约束，而温州人抱团经商的惯习也会使得违规者担心被圈子排斥而难以寻找合作伙伴而不得不自我约束。

五、温州行业组织的制度创新

在以行业共同体为载体而实施的行业自治中，温州行业组织的制度创新是其行业自治得以实施的重要因素，这也是温州行业自治地方独特性的重要体现。

温州行业组织的第一个制度创新是行业组织的秘书长兼任行业组织常务副会长或执行会长。在温州行业协会商会中，秘书长主要负责行业组织日常管理事务，对于行业内事务一般没有参与和干预的权限。比如说对于有关行业发展的一些决策等会议，秘书长即便列席会议也没有进行投票表决的权力。行业内部事务的决策一般是由会长、副会长等人组成的行业精英群体酝酿，然后提交会员大会表决，会长、副会长等行业精英成为行业决策权的实际执掌者。按照温州行业组织的一般惯例，行业协会商会的会长由会员选举产生，获选者一般都是行业内龙头企业和骨干企业的企业主，然后按照企业规模、经济实力等因素选任副会长、常务理事、理事等会员。会长、副会长一般都是从行业法人中选举产生，自然人不能成为会长、副会长人选。秘书长的人选一般由会长或者理事会提名。但是在温州，近年来一些行业组织出现秘书长兼任常务副会长或执行会长的现象。例如温州 Q 行业协会的秘书长 H 兼任Q 协会常务副会长，温州市 X 行业协会的秘书长 X 兼任协会的执行会长。鉴于这两个典型的行业协会会长有很多的社会兼职和自身企业的经营事务，协会的常务副会长或者执行会长在很多的时候实际上在代理行使会长的职责。

笔者在与温州 Q 协会秘书长兼常务副会长 H 访谈时，他主动提及这个问题。他说他本人并不是会员企业的负责人，也就是说他没有法人代表身份，按照温州行业协会的组织章程，会长、副会长、常务理事等协会的核心成员都是从会员企业负责人当中进行遴选，作为自然人一般是不能担任会长、副会长等职务的。但是因为他长期为 Q 协会服务，不仅赢得了协会领导层和业内会员的信任，而且在全国同行的秘书长当中也颇具声望，他自豪地跟笔者说起他本人已经连续几届当选为全国十大"金牌秘书长"。正是因为 Q 协会领导层和会员对他的信任，Q 协会才破例让他兼任常务副会长，这种双重身份使得在会长缺席期间他可以代理行使会长职责。

温州行业组织由秘书长兼任常务副会长或执行会长的这种制度创新，对于行业自治的实施主要具有以下两个方面的意义：第一个意义是有助于维持共同体网络的整体性。在共同体治理中，作为共同体的倡导者和发起者必须处于社会网络的中心位置，才能形成对集体行动的明显作用，因为处于关系网的中心位置意味着其能够通过私人关系接触到大部分共同体成员，因此可以更容易说服其他人加入。同时，共同体需要借助于组织中的能人尤其是政治能人去获取自治所需要的外部资源，但是由于担心政治能人可能为自己谋取私利而导致成员不配合，所以不同类型的能人最好在不同网络中具有重叠身份，这样才会在共同体网络内部形成一致性的力量而不至于形成分裂。也就是说网络的中心性和整体性越好，网络内部的动员就越容易（罗家德、孙瑜等，2013；李智超、罗家德，2012）。温州市 Q 协会和 X 协会这两个协会的秘书长都有过长期在体制内工作的经历，二人作为前政府退休官员都拥有政治能人身份，退休后被聘任为协会秘书长使得其与会员企业有着更为广泛的交往，从而又赋予其社会能人的角色。在这两个协会中政治能人和社会能人的重合，对于化解行业内部的纠纷和应对行业外部竞争时的确发挥着积极作用，比如说 H 秘书长向笔者反映，Q 协会会员之间出现纠纷时经常由他出面进行调解。H 作为秘书长只能处理行业协会的日常事务，但是他同时具有的协会常务副会长身份使得他能够代理行使会长的职责，这无形中又提高了他在会员中的威信。

秘书长兼任常务副会长或执行会长的制度创新第二个意义在于提供共同体动员中所需要的"第三方信任"。罗家德等人以西方行业协会和中国河北省 S 镇的家具协会进行比较研究发现，西方的行业协会和中国河北 S 镇的家具协会都从行业外选择会长，因为会长若从行业内选举产生，他很容易利用自身在行业组织中的优势来为自己企业谋取利益，进而可能损害其他会员利益而使得会员无法对会长形成信任。在共同体中，会员对会长的信任是共同体内部集体行动不可缺少的要素。这种从行业外选择会长的方式，使会长扮演着提供"第三方信任"的角色（罗家德、侯贵松等，2013）。本研究认为，温州市 Q 协会和 X 协会进行的这种制度创新（即秘书长兼任常务副会长和执行会长），也为行业共同体提供了第三方信任。当然这种第三方信任与罗家德等人的研究略有区别，即这两个协会的秘书长具有既在行业内又在行业外的一种类似"边际人"的身份。比如说 Q 协会秘书长 H 退休前在温州市经贸委中小企业管理处任职，他主要分管 Q 行业的管理工作，对于这个行业的发展十分熟悉，因此说他是懂行的内行者。但他本人并不是 Q 行业的企业负责人，与会员企业不存在行业利益上的竞争，因此他又游离于行业或者说位于行业之外。这种既在行业内又在行业外的身份，使得他能够获得会员的信任。再以温州 X 协会秘书长 X 为例。因为温州是中国的"鞋革之都"，地方政府对于鞋革产业是极为重视，执行会长的身份使得她比其他行业组织领导人具有更重要的政治地位。X 本人并不是 X 行业的会员企业家，她在担任秘书长和执行会长期间为行业发展出谋划策，为会员争取权益，比如说奔赴俄罗斯就俄罗斯提高中国出口鞋关税问题进行交涉，以及向温州市委书记提出绿色鞋业的发展理念等建议（因为鞋革属于污染严重行业，在近年来国家生态治理战略中这些污染行业面临着转型发展的重任），这些为会员争取利益和为整个行业发展进行的远景规划等举动使得她在业内赢得大家的尊重和会员的信任。

行业协会秘书长虽然具有官方背景，但似乎并没有因为政治嵌入等因素影响行业组织或共同体的自主性。相反，行业组织中的会员更看重的是秘书长在行业服务和管理上是否敬业和专业，能否增进行业的整体利益使得会员受益。从 Q 和 X 协会秘书长兼任行业组织领导人的现象来看，二者以专业性的服务提升了会员对其个人的信任，同时二人又不是行业内的会员企业老总，不存在与会员企业之间的利益争夺。秘书长的兼职身份所提供的专业性服务和无利益竞争使得这两个协会能够在组织中提供合作行动所必需的"第三方信任"。

温州行业组织的第二个制度创新是在温州市 F 商会出现专职会长现象。按照温州行业组织章程，民间商会协会的会长是从业内的龙头企业或骨干企业中选择。在温州行业组织初创阶段，会长一般不是经过严格选举产生，而是由行业内推举，被推举者一般是业内德高望重的大佬，而且在没有合适人选的情况下可以连任，比如说温州鹿城区鞋业协会首任会长余阿寿就连续担任四届会长。但是在温州最著名的民间商会——温州市F商会的会长选举上，出现了一个重大的变化，那就是原先会长采用的是推举制度，后来采用了会员直接选举的方式，而是实行差额选举。也就是说，竞选会长将面临更大的不确定性，温州F商会竞选会长的这个制度创新甚至引发当地媒体的关注和报道。为了成功当选，温州F商会的现任会长Z和前任会长C都辞去了公司董事长职务而竞选F商会的专职会长。

笔者以为，F商会出现专职会长现象对于行业自治的作用机理，一是会长的个人魅力、专业能力和奉献精神等有利于树立共同体的权威。正如温州F商会常务副秘书长C所说，F商会完全是一个民间组织，拥有1200名会员，它为什么能够获得大家的认可？商会的权威从哪里来？商会的权威不是来自职权，而是来自它为会员提供的专业性服务，还有会长的人格魅力。[①]

但是行业组织会长的人品是否是他获得会员信任的充分条件，笔者以为不一定。行业组织成员虽然认为会长人品很重要，但是大家毕竟都是商人，商人在商言商，在现实利益面前商人更关注自身利益，尤其是关注会长是否会利用职权为自己谋取私利进而损害自己利益。罗家德等人对河北S镇家具协会的研究中就发现类似现象。S镇的家具协会第一任会长人品不错，人际关系也很好，但是会员就是不信任他。原因是家具协会的会长也是从事家具行业的人士，会员怀疑他利用自身掌管行业协会的权力以及信息不对称来为自己企业谋利，正是这种不信任使得该镇的家具协会涣散。家具协会后来进行了重新选举，从行业外（房地产行业）选择新的W会长，这才使得家具协会的凝聚力慢慢形成，家具协会也得以正常运作（罗家德、侯贵松等，2013）。这说明，会员对会长的信任是促成合作行为达成的极为重要因素。笔者认为，温州市F商会的专职会长，对于行业内的集体行动也提供了"第三方信任"。但是F商会专职会长的"第三方信任"功能与河北S镇的家具协会有区别。在河北S镇的家具协会，会长是从事房地产的人士。但是在温

---

① 2012年1月10号，在温州市总商会与温州F商会常务副秘书长C的访谈。

州 F 商会，会长本人是行业内人士，而且还是行业内的懂行的专家。为什么会员不担心他为自己谋利益而信任他，这可能与温州 F 产业的发展特点有关系。笔者就此与 F 商会 Z 会长访谈时，Z 会长告诉笔者，温州 F 产业单体规模不大，从单个企业的竞争来说没有什么优势，尤其是 F 行业得到地方政府支持的力度不大，至少与浙江省内的另一个 F 产业名城宁波市相比是这样。温州 F 产业不仅要面对浙江省内的台州和宁波等地同行的竞争，还有江苏、广东等 F 产业大省的竞争。温州 F 行业的优势就是集体抱团，在这种情况下，必须有人站出来凝聚行业力量。①

笔者以为，正是面临这样的竞争和温州 F 产业的集体抱团的经营方式，才会在温州 F 商会出现专职会长现象。笔者在前文也已经阐述过，专职会长的出现不能完全归因于会长的奉献精神和人格魅力，但是专职会长确实增强了会员之间的相互信任和会员对会长和组织的信任。而温州 F 商会专职会长之所以不从行业外选择，恰恰也是因为外部竞争日趋激烈，需要懂行的专家来凝聚人心，推进温州 F 行业的抱团发展。Z 会长在 F 商会的大会上做出承诺，为了掌握温州 F 行业信息，他准备花 6 个月时间对温州 F 行业进行调研，在掌握充分信息基础上对整个行业的现状、面临的困境、未来的发展趋势等做出专业性的判断和决策。很显然，这需要付出很多的精力，不是专职会长将难以胜任此职②。

本节以及上一章对温州行业自治的分析表明，温州行业自治具有鲜明的地域性，这种地域性使得本个案研究所得出的结论和理论不仅与西方存在一些不同之处，而且还可能与中国其他地域具有差异性而具有温州地方的特色。本书将在温州行业共同体的生成逻辑、温州行业自治的实现机制、温州行业自治的地方性要素基础上，建构一个有关温州行业自治的理论框架（见图 5.1）。

下文将从温州行业自治的"锁定"效应来进一步解读温州行业自治的地方性特质。

---

① 2012 年 1 月 10 日下午在温州总商会大楼与温州 F 商会会长 Z 的访谈。

② 此处资料系笔者根据与温州市 F 商会 Z 会长的访谈资料加以整理。

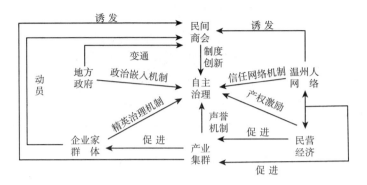

图 5.1　温州行业自治的理论分析框架

第三节　温州行业自治的"锁定"效应

作为"温州模式"概念的最早提出者之一，学者史晋川在研究中提出这样一个疑问：改革开放以来，为什么温州的两代创业者大多固守在传统劳动密集型行业？他由此认为温州模式发展已经进入"子承父业"式的"代际锁定"。他给出的解释是，温州人是利用人格化的交易方式来从事商贸活动，这种交易方式使得温州人能以较低的成本进入传统劳动密集型行业，另一方面它也限制了温州人进入新的行业。因为对温州人而言进入新的行业即意味着进入一个以非温州人为主的分工体系和市场网络，将可能承担更大的机会成本及经营风险（史晋川，2004）。"代际锁定"反映了温州人对人格化交易方式的依赖，这种锁定效应也体现在温州行业自治中。下文将从温州地方社会信用体系建设和温州行业协会商会诚信自律建设试点两方面来阐释温州行业自治的这种"锁定"效应。

温州是国内市场经济启动最早、市场机制最为成熟的地区之一。按照现代市场经济学理论，市场经济发达必然会带来以信用服务市场和信用服务需求为主要内容的信用经济的发达，而信用经济的发达反过来又会为市场经济的发展提供强劲的支撑。随着 20 世纪 90 年代初市场经济在全国范围内的启动以及发展主义的政策激励，全国其他地方相继进入了经济发展的快速轨道，而此时温州在市场经济发展上的先发优势却逐渐丧失，这具体表现在产业外移、实体经济衰落、经济增速放缓等几个方面。进入 21 世纪，为了继续保持温州在市场经济发展上的领先优势，温州地方政府推出了"信用温州"建设，希望以打造"信用"金字招牌来保持和增强温州这艘民营经济大船的续航能力。在"信用温州"建设上，温州地方政府仍旧沿袭原先行业自治的做法，即拟以地方政府牵头，充分激活市场和民间社会自身力量来推进这项工程，以期通过"信用温州"建设来克服温州经济发展所陷入的"锁定"困境。

"信用温州"建设的第一个工程，是温州社会信用体系建设。笔者就此与温州市政府某办公室负责人 L、温州当地两家银行的副行长等人进行了深入访谈。在访谈中笔者得知，温州是全国第一个进行社会信用体系建设试点的地级市。在温州地方政府的牵头下，温州早在 2002 年就启动了企业信用信息中心的建设。该中心一开始采取的是"政府推动、企业运作"的机制，后来由于在企业信用信息采集等方面众多的民营企业并不配合，温州市政府就将企业信用信息中心直接隶属于温州市政府办公室，希望借助行政力量来推进企业信用信息采集等工作。在政府主导下，信用信息中心将采集到的企业信用信息形成信用评估报告并将评估报告出售给温州银行，地方政府希望温州银行购买的信用评级报告能够被温州境内其他商业银行在信贷中使用，由此来对温州境内的企业加以信用约束。但是笔者与 L 和当地两位银行副行长访谈时，几乎得到同样的反馈，即每个商业银行都有自己固有的一套信用评估程序和方法，它们并不使用温州银行提供的信用评级报告。更重要的是，这个信用评级报告并没有如当初设想的那样被广泛采用。因为温州企业具有扎堆生存的特点，其业务往来与合作对象大都是同一产业集群或者产业链的上下游企业，相互之间有着多年的合作经历和信任，使得现代市场经济下广泛使用的信用评级报告在温州这样的熟人社会并没有太大的市场应用性。

"信用温州"建设的第二个工程，是行业协会商会诚信自律建设。在现代市场经济下，行业信用建设往往由行业组织负责实施。2010 年，为了响应国家经贸委关于推进行业协会和商会诚信自律建设的号召，温州市政府办公室信用信息中心发布《关于开展行业协会信用建设试点的通知》，通知要求申请试点的行业协会开展行业内的诚信教育、加强职业道德建设、收集整理行业内会员的信用信息并逐渐形成信用评级报告等来约束会员，以此推进温州的行业信用建设。笔者选择了其中一家试点单位——温州市 Q 行业协会进行调研。在与 Q 协会常务副会长兼秘书长 H 就此访谈时，H 指出，这个试点工作出发点很好，但协会真正做起来有困难，首先因为协会缺乏经费和信用管理上的专业人才，更重要的是，会员企业对此并没有太高的积极性。因为协会中会员企业的市场交易对象基本上都是本地企业，而且很多是产业集群的内部企业，彼此之间都极为熟悉，对会员的信用信息和信用评级基本上没什么需求。在行业协会信用建设试点中，协会目前所做的工作主要是围绕典型事例进行宣传教育，以及进行一些正面的倡导活动。

通过以上对"信用温州"建设的两个工程——温州社会信用体系建设和行业协会商会诚信自律建设的介绍我们不难发现，发轫于西方的现代市场经济下的信用经济，与温州的市场经济并没有太大的契合性。具体而言，西方社会的市场交易是在陌生人之间开展，行业组织得到充分的授权和有力的法治保障，其在实施行业自治上具有较大的权威和执行力。在这样的陌生人社会，市场信用中介组织的信用评级亦能够对市场主体发挥"一处失信、处处受制"的惩戒效应，这使得信用的市场需求比较充分。西方市场经济是信用经济，主要是在这个意义上而言的。但是温州的经济，本质上是"温州人"经济。正如有研究所指出的，温州经济以产业集群取胜，但这种产业集群并不是西方发达的市场经济意义上的产业集群，它依赖温州人的网络（马斌、徐越倩，2006）。这种封闭性的网络本身就是一种有力的信用约束机制。由温州地方政府牵头的"信用温州"建设，可能并没有考虑到温州经济是一种私人关系网络和熟人社会下的经济，它并没有与外部更为广阔的市场交易主体发生经济上的联结，因此地方政府希望通过现代信用制度建设来推进温州经济发展走出"锁定"效应的困境，恰恰是一种本末倒置。因为当一种经济发展模式没有与外部更为广阔的陌生人进行交易时，它对现代信用制度难以形成内在的市场需求。只有当温州的经济交易对象延展到温州人之外时，利用现代社会信用体系和商会这个第三方机制来约束交易双方才有其必要性。笔者与温州市政府的 L 访谈时，他的一句话基本点中"信用温州"建设难以推进的要害，即在社会信用体系建设和行业信用建设的试点上，温州有点超前，步子迈得过快。笔者将他的这句话解释为：温州经济是一种局限在温州人内部的"温州人经济"，它对现代社会信用并没有太大的需求，换句话说，即便在温州建设现代社会信用体系，它也发挥不了多大的实质性作用。

本书认为，尽管温州素有中国市场经济"风向标"的称号，但是这种经济是以温州这个特定地域的人为交易范围的市场经济，它不能称之为现代意义上的市场经济，最多是关系网络内的市场经济。如果没有在交易对象和交易范围上的向外扩展，将很难形成现代市场经济上的第三方治理机制。正如经济学家青木昌彦所言，在交易范围不断扩展的过程中，个人信任、道德准则、社会规范、互惠关系等交易者自我治理机制和交易双方的治理机制在不同的交易范围内是有效的。但随着交易范围的进一步扩展，潜在的交易者又无法事先识别潜在的交易伙伴时，具有非人格化交易特征的第三方治理机制的出现就成为一种必然（青木昌彦，2001）。从"信用温州"建设陷入的困境我们可以从另外一个角度看出温州行业自治是依赖温州熟人社会下的关系网络得以实施，它深深地打上了温州地方社会独特性的烙印。

第四节　温州个案研究的普适性、学术和政策研究价值

一、温州个案研究的普适性

近年来国内学界对温州民间商会的研究可谓方兴未艾，这些研究对温州民间商会在市场自治、集体行动的内在机制等问题有着深入的探讨（陈剩勇、马斌，2004；黄少卿、余晖，2005；马斌、徐越倩，2006）。甚至一些学者认为温州民间商会的自治对中国公民社会的建构具有积极的样本价值（郁建兴，2008；陈剩勇、汪锦军、马斌，2004）。上述研究大都用西方制度主义理论和公民社会理论来解读温州民间商会及其自治，可能并不具有太大的适切性①。因为温州的民间商会及其自治所嵌入的社会文化与政治条件与西方存在差异，因此这种简单的移植和套用并不合适。温州行业自治除了具有与西方不同的本土性特质外，还具有与中国其他地方不同的具有温州地方性特

---

① "适切性"一词意指适应性和切合性，作者构建这个概念的语境是提醒中国研究者，在援引西方理论框架来解释中国社会时要注意西方理论与中国现实是否适应和切合（张文宏，2006）。

质，这主要体现为温州地方政府的灵活变通，以及温州人的抱团意识和行业精英的奉献精神等。在与温州 F 商会会长 Z 进行访谈时，笔者感受到在温州这个具有深厚商业文化底蕴的商业重镇温州商人那种强烈的群体认同感和抱团精神。Z 会长在参与竞选温州 F 商会会长之前，是温州一家知名企业的董事长。为了竞选温州 F 商会的会长，Z 特意辞去了公司的董事长之职以便全力经营温州 F 商会这艘航空母舰。作为一个商人，应该是在商言商，笔者就 Z 会长辞去董事长一职而竞选 F 商会专职会长一事向其求解。Z 会长解释道，温州 F 行业的发展模式和机制与国内其他地方，甚至与省内的宁波和台州地区都不一样，我们的特色就是抱团发展。因为我们不像江苏地区和省内宁波地区同行那样能够得到当地政府的直接扶持，政府是不管我们的，因此我们必须靠自己的团结，在这种情况下，必须要有人站出来，为了群体（的利益）而做出牺牲。如果没有温州 F 行业的整体发展，单个企业也难以发展。比如说早些年在香港的参展，温州 F 行业因为集体参展亮相就产生了很大的市场轰动效应，从而带动了温州 F 产业的发展。[①]

从 Z 会长的回答来看，不难发现温州一些行业的发展与民间商会密不可分。而民间商会的发展又得益于集体抱团精神和会长的奉献等。本研究由此认为，温州以民间商会类的行业共同体为载体的行业自治的实现，从表象上看是民间商会发挥着载体的功能，但背后可能是其他因素和机制发挥着实质性作用。这些因素和机制，笔者主要归纳为以下两点：

第一，温州民间商会和行业自治，深深扎根于温州特有的经济发展模式之中。众所周知，温州境内几乎全部是民营企业而且大都是民营中小企业，这些单个企业通过内部紧密的分工协作形成产业集群，进而占据市场优势。正如时任温州市市长钱兴中接受记者采访时说，温州产品的市场优势同温州区域性经济规模是分不开的。温州产品有较高的市场覆盖率和占有率，主要不是得益于单个企业而是因为发挥了区域性企业群体规模优势的结果（叶正积，2008）。温州人也自豪地称自己的经济为"小狗经济"，单个"狗"看似力量微小，但是一旦形成团体作战，则威力巨大。众多的中小企业所形成的产业群，使得政府无需对一个个企业加以监管。政府只要为产业群的形成和发展

---

① 2012 年 1 月 10 日下午两点在温州总商会大楼与温州 F 商会会长 Z 的访谈。

创造良好的外部环境,在产业集群内企业之间的相互依赖和相互监督会自发促成相互之间的信任与合作,进而促进行业信用问题在集群中得以自治。

第二,温州行业自治也扎根于温州的地方文化传统。这种地方文化最突出的表现是抱团生存、强大的民间力量和灵活变通性。温州人素以"抱团"而著称,抱团生存理念可能与境内资源紧缺和人口压力有关,群体内抱团会形成内聚性高的小圈子,这种小圈子内部的相互信任和相互监督本身就可以确保对违规行为的约束。除抱团之外,温州地方文化另外一个突出的特点是民间力量的异常强大,它对地方政府形成倒逼力量,迫使温州地方政府变成"无为政府",政府的"无为",反过来又为民间力量的成长减少障碍。温州人敢于突破体制和政策的桎梏,在实践中表现出灵活的变通性。比如说在行业组织建立和管理上,温州是全国第一个成立民间行业组织的地方,也是全国最早将行业管理权力下放给民间行业组织的地方,温州的这种地方文化是全国其他地方不具备的。

由于温州民间行业组织和行业自治对温州特有的经济发展模式和地方文化传统的深深扎根,本书由此认为,温州行业自治可能并不完全是行业组织或共同体发挥着作用,进一步说,即便没有民间商会类的行业组织或共同体,只要具备以上两个要素,也能在一定程度上实现行业自治,因此不能夸大民间商会的作用尤其是它作为正式组织意义上的作用。温州民间商会的最大作用,可能还是在于提供了一个相互交流、协商的平台,有了专门的办公地点、充足的运作经费和例行的聚会等,大家可以就行业发展中遇到的问题共同协商处理,在此基础上慢慢地树立商会的权威。另外,从本书的调查对象来说,本研究选择的几个行业如 Q 行业、F 行业、X 行业等几乎都是轻工业,这也是温州实体经济的特色,即温州境内大都是低、小、散的轻工制造业,温州政府对城市的定位也是轻工制造业名城。国家对于这些行业很早就允许民营资本进入,对其监管的权力也随之下放,因而也在一定程度上促进了民间力量对这些行业信用问题的自我治理。因此,本研究结论只适合民营的轻工行业,尤其是在地方产业集群基础上的民营轻工行业。鉴于以上因素,本研究认为温州个案研究结论不具有普适性,在推广时应慎重。

二、温州个案研究的学术和政策研究价值

虽然以温州为个案的研究所得出的结论不具有推广性，但该研究仍具有学术和政策研究上的价值。这种价值主要体现在以下三个层面：

第一个层面是与西方学界的理论对话。在共用资源自治的理论上，西方学界有两个标杆性的理论，一是奥尔森的"集体行动的逻辑"，另外一个是埃莉诺·奥斯特罗姆的共同体治理。这两个看似对立的理论，其实有着共同的关注点，这个关注点就是共用资源是可以由享用者来自我保护使其可持续发展。奥尔森认为要在小群体内形成"社会压力"和"社会激励"，同时也要有强制性的惩罚措施和诱导性的奖励措施，才能克服不合作行为。奥斯特罗姆的观点是，要在相对封闭的人群中，借助于人际关系网络中的信任、声誉、互惠来实现共同体治理。本书认为，温州的行业共同体是中国自主性、自治性行业组织的典型，它在行业自治上与西方具有诸多相似地方，二者并没有本质差异。如封闭的关系网络，依靠网络内部的信任、互惠和声誉等非正式规范。再比如，行业自治对关键群体的高度依赖，需要关键群体提供启动成本，群体以社会声望和声誉对付出者加以弥补（罗家德、孙瑜等，2013），也是中国与西方的共同之处。以上这些是否可以视为自治的普适性结论？有待进一步研究。

第二个层面是在中国语境下的政策意义。温州行业组织是自下而上的体制外生成的典型，而在当今中国另外一类典型则是自上而下的体制内生成的行业协会，以"国字号"行业协会为代表。在中国深化改革的背景下，社会领域尤其是社会组织的改革正在逐步推进，"国字号"行业组织的改革与转型是行业组织改革是重要的突破口。目前这类组织的改革方向是向自治性、民间性转型，最近几年的政策法规对此都有涉及。体制内行业组织转型的困境在哪里？它能顺利向民间性、自治性行业共同体转型吗？目前出台的一系列将这类组织与政府进行"脱钩"的政策，对于它的转型能起多大作用？这一系列问题在今天的中国并没有答案，而是要在实践中慢慢摸索。通过温州个案，尤其是将这两类最具有典型的行业组织加以比较，有助于发现和理解体制内行业组织转型的艰难，以及政策上的顶层设计可能与基层实际之间存

在很大的张力。如何化解这个张力，使得上级政策更接地气，无疑具有政策上的意义。尤其是温州在行业自治上有着成功的经验，民间社会自发形成的非正式制度和治理机制，能够为中国其他地方的行业自治提供有益的启示。从渐进性制度变迁的视角看，中国的改革正是遵循着这样的路径，因此本研究具有现实的政策研究价值。

第三个层面是在自治意义上。本研究认为，自治更多地指向文化观念层面而不是政策制度层面，它在文化观念上强烈的路径依赖使得制度和政策在短期内可能很难将其改变。正如奥斯特罗姆所指出的，共用资源自治中的合作行动，对制度尤其对社会资本（信任、声誉、互惠）有着内在的需求，像信任、声誉和互惠这些社会资本要素，不是短期内人为创造出来的而是经过了长期的自然积累。对于体制内生成的行业组织向民间性和自主性方向的转型，以及对其在行业自治上的功效不能有过高的期待。因为对于自治而言，上层或外部的制度与政策固然有强制性的力量，但若没有基层和内在的基础支撑，这种自治终究难以持续。在注重顶层设计同时，更要注重诸如信任、声誉等社会基础的培育。从这个意义上说，本研究对于当今中国基层治理和社会治理等都具有一定的参考价值。

本章小结

本章研究的主要目的是建构温州行业自治的理论分析框架，并涉及对温州行业自治的"锁定"效应以及温州个案研究的普适性、学术价值和政策研究价值等方面问题的探讨。本书认为，作为当代中国市场经济和民营经济发源地，温州在经济发展和社会治理等方面都具有诸多的创新之举。在行业自治上，变通的温州地方政府、抱团发展的经商理念、产业集群的经济发展模式、行业组织的制度创新等因素使得这种自治打上了深深的温州烙印，这使得本研究结论不一定适合在更大范围内推广。但是从本书的研究主题——行业自治来看，有关温州行业自治的研究仍具有现实的意义。作为中国市场经济启动最早的地区，温州民间力量也最为活跃，而温州地方政府在民间力量的倒逼下对民营企业和民间商会的放权，进一步激活了民间力量，这构成温州行业自治得以实现的强大社会基础。在行政主导的社会管理与治理体制下，自治需要政府通过放权让利来培育市场自身和社会自身的力量，也需要借用嵌入在地方社会中的非正式治理资源，这是本书对温州行业自治进行研究后得出的一个基本判断。另外，温州个案研究的结论虽然不一定适合在中国其他地方大面积推广，但是本书在研究中的某些发现和理论分析，比如说行业自治需要具备某些特定的要素，在特定的社会结构下非正式机制能够发挥对行业会员的约束等等，仍旧可以为当今中国体制内生的行业组织在民间化、自主化方向改革上遇到的困境提供一定的解释力，当然亦能为与这类组织改革相关的政策设计等提供一定的参考。

| 第六章 |

研究发现与理论分析

本章由两节构成，第一节探讨中国行业共同体的生成机制及其特质。第二节主要从学理上探讨中国行业共同体的本质和行业自治何以可能。

第一节　中国行业共同体的生成机制及其特点

无论在中国传统社会还是当代社会，行业自治都是以行业共同体为载体来实施的。行业共同体是如何生成的？它具有哪些特质？下文主要聚焦于这两个问题来概括研究中的发现并用四个命题对研究发现予以呈现。

命题一：来自同一地域的人们从事相同或相近的行业，这种"同乡同业"的经营方式形成了链条式的行业发展模式。

在第三章"中国传统社会行业自治研究"部分，笔者在解释明清时期徽商、晋商以及后来居上的宁波商帮的兴起时提及过"同乡同业"现象。这种"同乡同业"的经营方式有着内在的规律。从中国商帮原籍地来看，不难发现这些地区大都是地狭人稠的资源匮乏之地，使得在生存压力驱使下一部分人不得不向外移民寻求生存空间。这些移民群体中的早期开拓者与家乡的联系并没有中断，当他们在某一行业和地区立足后，会慢慢吸引更多的同乡聚集，逐渐形成对某个行业的占据优势甚至垄断，"同乡同业"由此形成。这种经营方式进一步使得在某些行业发展上形成路径依赖，它具体表现为链条式的行业发展模式。而在传统社会的工商业活动中，学徒制度也对这种"同乡同业"的经营传统起到了强化作用。以明清时期的最著名的两大商帮——

徽商和晋商为例。一般认为徽商具有典型的宗族家族色彩，表现在学徒的选任上徽商一般在本族宗亲中选择年轻才俊进入其所把持的行业。而晋商一般在本乡中加以选择学徒，而且在选择的时候还需要有一定声望和经济实力的人来担保。在晋商经营的主业——票号中，几乎是清一色的山西人。而近代上海开埠后在上海崛起的宁波商帮，其不断壮大也与在宁波本地和亲朋好友中选择学徒相关。学徒自立门户后，亦会通过招收学徒来扩大经营活动。这样一种"传、帮、带"式的学徒制度，极容易形成同乡、同族商人之间的聚集，进一步强化"同乡同业"的经营传统。

链条式的行业发展模式在温州这个中国最早市场化的地区亦得以延续，它突出体现在温州经济呈现出的"一乡一品"或"一镇一业"的产业发展格局。以温州第一个同时也是全国第一个专业市场——永嘉桥头纽扣市场为例。在温州调研时一位访谈者告诉笔者，以前温州的一些推销员在外地推销产品时，偶然在一些国营厂房周围发现大量废弃的纽扣，这些推销员就将这些纽扣全部带回来加以分拣，然后再将一些质量尚好的纽扣出售，丰厚的市场回报诱使大量的村民加入这个队伍，后来大量的村民就将纽扣集中在桥头摆摊经营，在这里逐渐形成温州乃至全国第一个专业市场。村民们通过面对面的学习模仿，使得纽扣行业在桥头这个并不出产纽扣的地方得以兴起，这便是典型的链条式的行业发展模式。

命题二：在链条式行业发展模式下，同乡与同业之间相互扶持形成抱团式的集体生存模式，进而诱发行业共同体的生成。

从现有文献资料来看，传统社会中的商帮以相互扶持形成抱团式的集体生存模式，以晋商和宁波商帮最有代表性。以晋商的票号为例，票号内部有一种叫作联票制度的风险防范机制。总号设立在平遥、太谷和祁县三地，在其他地方设立分号，总号与分号之间、分号与分号之间都有联结网络。通过"正报、附报、行市、叙事报"等方式互通信息，并采取"酬赢济虚、抽疲转快"的办法相互接济（张正明，2006：11）。再以近代崛起的宁波商帮为例。近代上海的宁波商帮在同乡同业上有一个特色，这就是同乡人可能从事不同的行业，但是这些行业之间存在高度的依存，它们也能形成紧密的抱团。比如说近代宁波商人中有很多经营药业、进口洋货业、船舶运输业等行业，这些行业对资本的需求量极大，他们依靠宁波人开办的钱庄贷款得以运营壮大。宁波商人李也亭在上海经营沙船业和南北货的贸易，曾得到钱庄跑街（相当于现代银行的业务经理）赵朴斋帮助，经常获得巨额贷款而成为巨富。这些商人也往往将闲置现金存入钱庄，甚至自己经营钱业。宁波帮的实业和金融业（钱业）互相为用，是其称雄上海的重要秘籍。而随着近代银行出现后，宁波人掌管的银行又对宁波商人在借款上给予了特殊照顾，使得宁波帮不断做大做强。以宁波人开办的四明银行对宁波商人、上海大买办虞洽卿的支持为例。虞洽卿创办的三北公司后来发展成为长江下游和沿海航业中最大的商办航业集团，与四明银行的鼎力支持密不可分。比如说虞洽卿曾几次买旧船后将其重新油漆，然后将这种油漆过的旧船以新船的名义作为抵押向银行贷款，再以获得的银行贷款再买旧船，这种循环使用的融资方式具有极大的风险。虞洽卿在四明银行的债款最多时曾达到 300 万元，若没有四明银行的特殊关照，其不仅很难发展壮大，甚至早就破产。而这些宁波工商业者在实力雄厚之后，也大都成为"宁波帮"金融机构的忠实股东，它们是宁波人钱庄和银行等金融机构抵御金融风潮的可靠后盾（鲍杰等，1996：26-50）。

同乡同业内部的抱团，在当今温州商人群体中更为明显。温州人的企业大都是单体规模不大的中小企业，这些企业之所以能够在市场竞争中占据优势，是因为温州几乎所有产业发展都具有一个共同点，那就是围绕某一个核心企业和产业，形成紧密的内部分工协作。而作为相互协作和分工产物的产业集群在温州的发达，就是抱团生存真实有力的写照。除此之外，温州人还素以通过高度信用为支撑的民间借贷来实现资金周转和相互融资而著称，著名的温州"炒房团"和温州资本对某些行业的挟持，成为温州人内部抱团的真实写照。这种抱团式的集体生存模式甚至成为20世纪90年代"温州模式"的主要特征之一。

同乡人之间具有天然的血缘和地缘纽带，在语言、风俗惯例、生活方式等方面具有共同性，共同的"地方性知识"为相互间沟通提供了便利。链条式的行业发展模式，也会促使行业发展的技术、信息等资源局限于圈内人，再加上群体外部力量的挤压，会促使抱团式的集体生存模式的形成。另外，同乡人在社会服务上对同乡组织的依赖会进一步促使同乡组织的凝聚。美国学者罗威廉对晚晴时期汉口商人行会的研究中就发现，在汉口不同地域的商人一般都以地缘为纽带形成区隔性的社区（罗威廉，2005）。而在近代另一个商业都市上海，也出现大量的以地缘为纽带的群体，具体表现为各类同乡会的蓬勃发展，其中尤以宁波商帮的四明公所最为显著（郭绪印，2003）。这种现象在王春光对巴黎温州人和北京温州人行动方式的比较研究中也有所揭示。王春光在研究中发现，寓居在北京的温州籍流动人口难以享受到流入地所提供的管理服务，对管理服务的需求和处理内外部紧张和冲突的需求，促进北京的温州人对核心地缘亲密性的强化。而巴黎的温州人在拿到当地居留证后就能享受到与当地人同等的管理服务和政策待遇，其内部纠纷也能得到有关部门解决，因而在建构社会网络的过程中区域亲近性的作用被削弱（王春光，2000：123）。这一结论能够解释社会性服务需求对地缘亲近性的强化作用。同乡与同业之间的相互扶持，抱团式的集体生存，尤其是以地缘为纽带的聚居等因素的相互叠加共同诱发了行业共同体的生成。

命题三：同乡组织和同业组织的相互交织与重合，尤其是同乡组织对同业组织的裹挟，使得行业共同体呈现出浓厚的非正式性和非制度化色彩。

同乡组织与同业组织之间的相互交织与重合，在由移民群体构成的商帮中尤其是近代宁波帮中表现得尤为明显。以宁波人同乡组织——四明公所为例，有学者考证指出，在四明公所的名义下有许多以旅沪宁波人为主的经济团体与非经济团体，这些团体大体包括以下五类：旧式同业团体（如经营南货业的永兴会等）、手工业团体、新式同业团体（如钱业公会、五金公会）、劳工团体（如四明长生会）、非经济的各类慈善团体等。这些团体与四明公所属于同乡同根，在公所内共同祭祀，遇到本团体不能解决的或有关全体同乡事务时则交由四明公所处理（黄浙苏，2014：286－287）。作为同乡组织的四明公所几乎形成对同业组织覆盖。而作为宁波旅沪同乡会和四明公所等宁波人在上海同乡组织领袖的工商精英们，同时也是上海总商会、上海钱业公会等著名行业组织的领袖，使得宁波帮能够以强大的同乡组织来吸纳同业组织。以近代上海最大的同业组织上海总商会为例。1904年，宁波人把持的上海商业会议公所改为上海商务总会，1912年6月上海商务总会又被改为上海总商会，但这一系列的更名对其内部人事和组织结构的改变并不大，商会的领导权始终掌握在甬商手里。在1912～1929年上海总商会的九届会董选举中，除了第五届和第九届之外，其余各届会长都是由甬商执掌。以至于法国学者白吉尔以开玩笑的口吻说道："上海总商会似乎只能算是四明会所的一个分所"（王俞现，2011：241）。

在温州民间商会的生成和运作上，非正式的关系因素起着实质性作用。由于温州的民间商会是在产业集群基础上形成，大量的中小企业在某个特定地域的扎堆，尤其是企业之间的高度依赖以及对产业集群的嵌入，使得这些企业之间形成一种持久性而无法退出的关系。再加上温州人先合后分的商业经营模式（即亲朋好友先通过集资组建工商企业，待企业发展到一定规模后又重新分家自立门户），更使得相关联的企业之间存在各种亲缘和地缘的因素。不难理解，产业集群下形成的温州民间商会，其内部存在各种非正式的关系。

因此，无论是中国传统社会还是当代温州，自发性的行业组织虽然具有正式组织的外衣，比如说完备的规章制度和组织章程等，但这种组织更多地以地缘而不是业缘纽带实现成员之间的联结，从而使得这类组织具有非正式性和非制度化色彩。

命题四：行业共同体具有一定的伸缩性来应对外部市场环境的变化。

行业共同体的形成基础是"同乡同业"，更确切地说是天然的血缘和地缘关系。这种先赋性的血缘和地缘关系有助于产生信任、合作和亲密感。在个人面对社会风险时，对血缘和地缘关系的依赖成为应对风险的可靠方式。由于对这种特殊主义信任的依赖，使得中国人在合作行为当中总是倾向于先建立关系再进行合作，或者说只有在关系网络中进行交易才会放心。尤其在工商业活动中，随着商业活动的扩展风险随之加大，为了适应商业活动扩展，需要将合作者纳入关系网络内部来规范相互间的竞争以维系行业秩序，这种现象在中国工商业活动中较为常见。比如说近代上海的宁波帮，一开始限于宁波籍从业者，后来逐渐突破宁波籍的藩篱而扩展到绍兴人之中组成宁绍帮，在此基础上又继续扩展到浙东和浙西帮以及整个浙江人之中形成浙江帮，最后形成"大宁波帮"（张守广，2012：38－39）。这是因为在近代上海的钱业、航运、纺织等行业中，几乎都为浙江人把持，浙江人之间的经济交往更为紧密，从而促成宁波帮圈子的延展。再比如在晚清的商业重镇汉口，美国学者罗威廉的研究发现，随着汉口不同地域商人及其行会之间商业贸易纠纷的增多，为了规范行业秩序，不同地域行会开始联合成行业公所，形成药业、钱业、木业等行业公所（罗威廉，2005）。学术界一般认为中国近代行业公所与传统行会相比具有更鲜明的业缘性，笔者以为，近代行业公所在联结纽带和约束机制上出现业缘性对地缘性的突破，某种意义上也是外部市场环境变化的结果：某些行业不再由同乡把持使得地缘因素对会员的约束力逐渐松弛。

在当代温州的民间商会中，很难发现行业共同体这种伸缩性的印痕。这可能是因为温州人始终局限在温州人的网络中进行市场交易，同乡人一般很少与外人交易，外人也很难进入温州人的网络。温州民间商会的这种封闭性，则从另外一个角度证明了行业共同体伸缩性的原因——交易范围和交易对象的扩展导致交易行为的不确定性，从而需要以非正式网络力量来为交易活动提供安全。由此可以认为，不像西方行业组织那样具有较为清晰的边界，中国行业共同体可以因外部环境变化而具有一定的伸缩性，它更类似于关系网络。这种伸缩性是为了将网络之外的人纳入，使交易者能超越短期功利性而维持交易的稳定性。行业共同体的这种伸缩性特点，更加表明行业共同体的网络性质或者说圈子性质，它可以因外部环境变化而自主调整圈子边界以便将圈外人纳入圈内进行内部治理。当然行业共同体的伸缩性不是无限的，决定行业共同体伸缩性的因素，除了地域邻近性等因素外，可能最重要的就是利益上的捆绑。综合以上四个命题，本书将中国行业共同体的生成机制展示如图6.1。

图6.1 中国行业共同体的生成机制图

第二节 行业共同体的本质与行业自治的机制

本节的理论分析主要围绕以下两个方面展开，一是行业共同体的本质，二是在行业共同体载体内，行业成员之间是通过何种方式、机制来实现行业自治。

一、行业共同体的本质

本书研究的行业共同体，跨越了两个时期，一是传统社会的行会、会馆、同业公所等同乡兼同业组织，二是当代温州民间商会和协会类的行业组织。本书认为，行业共同体不是正式的现代社会组织，而更接近非正式的社会网络，本研究借用社会学中的"共同体"概念，将传统社会行业共同体的本质界定为"同乡同业共同体"，将当代温州民间商会和协会类行业共同体的本质界定为"地方共同体"。

（一）传统社会行业共同体的本质："同乡同业共同体"

以结成群体或组织的方式来获取生存资源是人类生存和延续的内在需要。生产力水平越低下，个体抵御风险的能力也越低，对集体合作的需要也往往越强烈。费孝通在解释乡土社会中村落的生成原因时就表达过类似观点，他指出，由于集体防卫、水利合作等方面的需要，乡土社会中的人们在血缘基础上自发形成聚居的村落（费孝通，1998）。可以将村落视为农耕社会中的人们集体合作来防范各种风险的产物。这种自发聚集形成的村落，具有社会学意义上的"共同体"意蕴。德国社会学家滕尼斯对共同体做出了经典的界定。他认为共同体是自然形成的、小范围的内部联系紧密的群体，它代表人类社会中古老的、传统的社会联结，是"持久的和真正的共同生活"（斐迪南·滕尼斯，1999：54）。回到中国语境，作为中国传统社会中古老的社会联结和基本社会单元，村落共同体至少具有以下三个特征。

1. 自治性

关于共同体的自治性，首先从中国传统的社会治理结构说起。学术界对中国传统社会及其治理，有不同的概念描述，比如说"上下分治"（曹正汉，2011）、"简约治理"（黄宗智，2007）、"无为政治"（费孝通，1998）等。这些不同的表述都有一个共同的指向，那就是中国传统社会在家庭和地方政府（国家）之间，有一个相对自治的领域，这个领域就是家族或村落共同体。村落共同体的自治性，费孝通认为主要在于两点，一是国家权力的自我约束，二是由士绅主导的自下而上的非正式压力机制（费孝通，2009）。尤其是来自地方士绅上下勾连的作用，对这种自治起着重要作用。瞿同祖是这样描述其作用的："士绅与家乡的联系是永久性的，对家乡有情感归附，觉得有责任捍卫和促进本地区福利"，同时士绅又"与各个层级的正式权力都有联系，这种联系使他们享有影响地方官吏的权力"（瞿同祖，2003：292－299）。共同体相对行政统治的自治性，使得中国传统社会呈现出"低度整合"特征，即"政府不直接干预社会，社会保有相当的灵活性；各家族共同体成为独立的社会大单元，彼此相安无事"（张德胜，2008：162）。共同体的这种相对自治性，亦使得共同体内部形成紧密联结的封闭结构，而共同体之间则缺乏紧密联结。

2. 自我组织

共同体的自我组织特征，是从人与人之间的联结方式而言的。在西方语境中，"社会"一般是指超越血缘的社会成员之间自发的社会联结，它主要体现为社会组织。而在中国语境下最常见的社会联结一般都是以亲缘和血缘为纽带。在中国社会文化结构中，并没有与西方类似的"社会"。梁漱溟对此的解释是，"团体与个人，在西洋俨然两个实体，而家庭几若为虚位。中国人却从中国就家庭关系推广发挥，而以伦理组织社会，消融了个人与团体这两端"（梁漱溟，2005：70）。梁漱溟所指的团体就是在社会（组织）意义上而言的。他认为由于"伦理"在中国社会的异常强大，吞噬了个人和社会。虽然没有西方意义上的社会，但是不能就此认为中国社会中人与人之间完全是原子化的。在中国语境中人与人之间的联结主要是以"共同体"而不是"社会"呈现出来。这种联结不是外部力量强制而是自我组织的产物，这种自我组织更多地是以非正式的网络结构来呈现的①。关于人与人之间联结的网络性质，费孝通对此有着极为形象地描述。在阐释差序格局概念时他指出，中国社会人与人之间是靠私人关系联结的，随着私人关系的累积，逐渐形成关系网络，每个人都是以自己为中心建构网络，由内向外逐渐推开（费孝通，1998）。这种依靠私人关系搭建而成的关系网络，具有一个非常重要的特征，就是网络的边界不是固定的，它会随着网络中心能量的变化而表现出弹性或者说伸缩性，这也是中国语境下自我组织的一个显著特点。

---

① 共同体的这种网络特质，与西方新制度经济学的观点是一致的，该派学者鲍威尔将介于市场与层级之外的第三种治理称之为网络治理（Powell，1990），而该派的另外一位学者威廉姆森则将这种网络治理直接命名为共同体治理（Williamson，1996）。

3. 生产空间与生活空间的合一

共同体的第三个特征，本书将其概括为生产空间与生活空间的合一。人既要生产（这里的生产是指狭义上的物质生产而不包括人自身的繁衍）又要生活，共同生产是人类取得物质资源以维系生存的内在驱力，而共同生活则是获得人的社会性的根本途径（人的社会化已表明离开群体生活个体难以成为社会意义上的人）。在前现代社会，人们不仅在共同体中共同生产，而且也在共同体中共同生活，生产空间和生活空间是合一的。比如说在村落共同体中，人们生于斯、长于斯、老于斯。在不流动的社会中，人与人之间的交往一般表现为血缘、地缘关系，这种关系具有持久性和无选择性的特征（翟学伟，2011）。无选择性正是表明在两个空间合一的情况下个体无法逃离。再加上共同体为成员提供的生存和安全保障，使得成员被紧紧吸纳，对共同体的认同与归属强化了其封闭性。

比照共同体的三个主要特征：自治性、自我组织、生产空间与生存空间的合一，传统社会自发性的行业组织完全符合"共同体"的特征。

首先，从自治性看，中国传统社会长期奉行"重农抑商"的政策，客观上对于工商业活动的自我治理提供了良好的外部环境。在诸多的历史文献资料中都显示，对于民间的工商业活动，只要不危害政权的稳定，一般都被视为民间细故而交由民间力量自我治理。尤其是工商业活动中的行业和商业纠纷，地方政府持不干预的态度，最多也是通过官府发文的方式加以整饬。即便行业组织内部不能解决的纠纷而必须呈贡官府裁决时，后者通常也会以尊重既有的商业风俗惯例等名义，转交给行会等组织裁决。中国历史上工商业活动中民间习惯法的发达，以及现代契约、产权、商法等法律制度的缺失，是工商业活动自治性的最有力例证。这种自治性一般是通过自治性的行业共同体得以实现。

其次，从自我组织来看，在缺乏现代制度保障的传统社会，工商业活动要比农业生产活动面对更多的不确定性和风险，一定程度上会驱动工商业者自发抱团来抗御风险。来自同一地域的工商业者由于先天的血缘、地缘纽带，以及为分享有限的市场利润而对外来竞争者的排斥等需求，使得他们更有可能自发联合起来，进而形成"同乡同业"的经营模式，并在此基础上逐渐形成相对稳定和固定的社会联结，从而诱发行业共同体的形成。当然，如前所述，这种"同乡同业共同体"不是正式组织意义上的社会组织，而更类似非正式的群体或社会网络①。

最后，从两个空间合一来看，传统社会的行业共同体一般是以血缘和地缘为基本纽带，通过传、帮、带的学徒制度形成链条式发展，而在寓居地形成以地缘为纽带的聚居。作为同乡兼同业组织，行业共同体的成员在共同的生产空间（同行）中谋生，同时作为寓居他乡的外乡人，短期内很难融入居住地，因此其社会交往自然局限在同乡人之中。明清时期中国地域性商帮开始崛起，这个时期作为同乡同业组织的会馆也几乎同时在各大商业中心城市大量涌现，绝不是历史的巧合。这些商业移民群体，会通过一套机制来强化成员对同乡同业共同体的归属与认同。除了学徒制度外，还为成员提供生老病死等方面的慈善救助。这种社会服务会强化地缘的亲近性（王春光，2000）。此外，通过共同的地方神灵或行业神崇拜，也使得成员之间的共同体意识得到强化。如晚晴时期重庆的八省会馆、近代汉口的行会组织和近代上海宁波帮的四明公所（宁波人同乡组织），都为同乡人提供几乎全方位覆盖的社会服务，使得群体的内聚力得到增强。正如相关研究所指出的，"需求的满足是依存的动机，越是全面的依存，需求越是能够得到满足，群体凝聚力也就越强"（豪格、阿布拉姆斯，2011：120）。行业组织为同乡和同业人员提供的社会性服务，增强了群体内部的抱团。

（二）当代温州行业共同体的本质："地方共同体"

本研究主要从以下三个维度来阐释这种"地方共同体"，即经济与社会之间的相互嵌入；经济与政治之间的相互嵌入；政治与社会之间的相互嵌入。

1. 经济（活动）与社会（网络）之间的互嵌

按照波兰尼的观点，经济活动并不是独立存在的，经济活动具有自己的社会基础，或者说经济活动嵌入在一定的社会关系之中。如前所述，无论在中国传统社会、近代社会还是当代社会，那些自然资源稀缺和人多地狭的地

---

① 一般认为，现代社会组织要同时具备以下几个要素，成员加入时要履行一定手续、确定的目标、规范性的章程、权威的领导体系等等，与社会群体相比，它的正式化和制度化程度高。虽然传统社会中的行会、会馆、同业公会等行业共同体也或多或少具备组织的一些要素，但总体而言，其正式化和制度化程度不高，因此行业共同体更接近群体而不能视为社会组织。

区，生存压力总会迫使一部分人离开原籍从事工商业活动。与农业生产相比，工商业活动在资源、人员上的流动性更强，因而经营中的风险更大。在应对风险上，传统社会虽然没能发展出现代社会的风险管控机制，但也会在经济活动中自发生成适应传统社会结构的风险管控方式，这种风险管控主要倚靠植根于血缘、亲缘和地缘这类天然形成的社会关系网络。倚靠关系网络将市场做大做强，同时在关系网络内部分享市场收益，进而形成了独特的"商帮"现象。如传统社会的徽商、晋商，近代的甬商以及当今的温州商人。就温州而言，该地区之所以形成产业集群或者说块状经济的发展模式，得益于温州人的社会关系网络。笔者在温州市下属的县级市乐清柳市镇调研时得知，这个只有 40 几平方千米的小小区域，早就发展成为中国的"低压电气之都"，柳市镇也是温州低压电气协会和浙江省低压电气协会的驻地。在同一个区域同时出现"正泰"和"德力西"这样两个电气双雄品牌，全国还只有温州这一个例子。如今柳市的低压电气产业，已经形成全国同行中最为紧密的横向产业分工和最为完整的纵向产业链。在这里，相互关联的企业之间为了节约现金流动，大部分采取信用结算，企业之间的相互赊欠成为常态。而在面对经营风险和困境时，相互之间又互相帮助，这已经成为温州发展较好的一些行业的惯例，如服装、汽摩配、皮革等行业。在 2011 年 9 月中下旬集中爆发的民间借贷危机中，笔者特地访谈了温州市汽摩配协会与温州市服装商会这两个行业组织的秘书长和会长，这两个行业组织都设立了企业借贷互助金，主要为会员企业的借贷提供服务以免个别企业老板的"跑路"而影响到整个行业的声誉。

众所周知，温州经济以民营企业为主，而温州的民营企业又以中小企业为主，众多中小民营企业围绕某一产业形成内部的紧密分工，进而扎堆发展为产业集群。在温州，像产业集群这种经济发展模式主要表现为各种专业市场，它的生成与地方社会关系网络有密切的关联。有学者就此指出，专业市场由于交易在地理上的集中，频繁的面对面交流和共同社区的亲和感，使之得以形成一定的社会网络。许多专业市场在孕育时期，本身就是由于先前形成的社会网络关系而使交易趋向集中（陆立军、王祖强，2008：256）。温州的专业市场和产业集群的生成也与该地区发达的社会关系网络有紧密关联。与国内其他地域相比，温州人更为注重亲缘和血缘关系，温州人几乎都是靠亲朋好友之间的互助来从事经济活动，尤其是在抢占市场上，温州人更是借助社会关系网络形成团队作战而占据优势，这种经济活动反过来又进一步巩固了原有的社会关系。

作为中国民营经济发源地，温州境内民营中小企业之间的抱团素来闻名，它与温州人习惯于以血缘和亲缘关系来合伙经营，等经济规模发展到一定程度后合伙者又各立门户的经商习俗有关。这些民营企业老板原先就存在紧密的社会关系，再加上企业经营规模小和抗市场风险能力低下，使得这些中小企业会自发地寻求抱团式发展来抵御市场风险和谋取更大的利益。

2. 经济与政治之间的相互嵌入

地方政府与民营企业之间的相互嵌入。在中国社会转型过程中，地方政府与地方企业之间的这种相互嵌入现象，最早是由一些海外研究中国经济与社会转型的学者如戴慕珍、林南、魏昂德等发现并加以研究，先后提出"地方法团主义""地方市场社会主义"和"地方政府即厂商"等概念（边燕杰，2002）。其中以戴慕珍的"地方法团主义"概念最具代表性。戴慕珍认为，在改革开放初期，由于绝大多数乡镇企业属于国有，地方政府通过将企业纳入行政以形成董事会和经营者一类的组织结构关系，她将地方政府与企业相结合的这种形式称之为"地方法团主义"。随着后来乡镇企业产权多元化，戴慕珍对"地方法团主义"论点进行了修正，主要是地方政府开始对私营企业也加以扶持，如调动资金、提供技术帮助、寻求市场机会和颁发执照等。地方政府通过对合同、资源的控制以及与私营企业之间形成的共生关系，把私营企业也整合到"地方法团主义"框架进而形成稳定的庇护关系（Oi，1998）。

海外学者对社会转型期中国地方政府与地方企业之间关系的探讨，一定程度上概括并反映改革开放后中央与地方之间的分权改革所引发的地方政府行动逻辑。尤其是1994年开始实施的分税制改革，央地之间财政上的分灶吃饭，使得地方政府在税收财政上对地方企业更加倚重，以GDP为主要考核指标的发展主义政策驱使地方政府将发展经济置于最核心位置。当然，地方企业尤其是被招商引资优惠政策吸引的外来资本，也会主动嵌入到地方政治之中来寻求庇护和其他利益，因而地方政府与地方企业也呈现一定的"相互嵌入"。但这种相互嵌入与温州地方政府与民营企业相互嵌入有所区别。首先，在发展主义政策激励下，地方政府具有更主动的积极性嵌入地方企业之中，地方企业相对来说显得被动。但是在温州，地方政府与民营企业相互嵌入的动力主要不是来自地方政府而是民间社会的生存压力，这种生存压力倒逼温州地方政府根据本地实际来进行政策创新。因此，这种互相嵌入是由民营企业推动，民营企业实质上起着主导作用。其次，与其他地方向外招商引资来发展本地经济的模式不同，温州地方企业几乎都是本地人经营的民营企业，具有对本地深深的扎根性。尽管近年来一些企业因为用地紧张等原因迁往外地，但由于对温州本地发达产业集群和完整产业链的高度依赖，当然也有温州人在圈子内部经商的行为惯性等原因，这些外迁企业仍旧与本地产业集群有着紧密的关联。地方民营企业的这种深深扎根性，使得无论是民营企业对地方政府还是地方政府对于民营企业都构成相互持久性依赖而不仅仅是工具性的各取所需。这非常类似于周雪光所说的"关系产权"下地方政府与地方企业关系具有超越短期功利性的稳定性。① 因此本研究认为，温州地方政府与民营企业之间的互嵌，与分税制改革下地方政府与地方企业的互嵌逻辑是不一样的。其最大的差异，在于以民营企业为代表的异常强大的民间力量在政企关系中具有主导优势。②

3. 政治与社会之间的相互嵌入

主要体现为地方政府与民间商会之间的相互嵌入。温州民营中小企业之间形成中国最典型和最早的产业集群。在基础上形成中国最早的民间商会。

---

① 周雪光提出"关系产权"这一概念来强调转型期中国地方政府与当地企业之间稳定的关系。他认为，在转型经济中，政府和企业之间建立了某种稳定的组织间利益和承诺关系，但这种关系不是建立在产权清晰而是建立在企业的产权权利被弱化的基础上的，这种相互依存的产权关系即"关系产权"。他进而指出，"关系产权"的产生经常是企业自动选择的结果，因为企业以弱化或出让部分产权可以换取一个有利的商业环境。当然对于地方政府来说，维持"关系产权"也具有相当的动力，因为这种关系产权的制度为地方政府自上而下地攫取资源、突破预算软约束提供了合法性基础。因此，地方政府和企业都有动力通过各种形式来维持甚至强化这种产权关系，以便获得各自需要的资源。如同血缘关系具有超越短期功利诱惑的能力一样，产权基础上的关系亦具有超越其他功利性的稳定性（周雪光，2005）。

② 笔者在与温州F商会常务副秘书长C闲聊时，他告诉笔者，温州与中国其他地方不一样，主要是它的"三民主义"。当笔者表示疑惑时，他马上指出说这个"三民主义"是指民营企业、民间借贷和民间商会。以"三民"为代表的民间社会力量的异常强大，是解读温州现象和温州模式的重要视角——笔者注。

温州地方政府和民间社会之间抱团的生成既有历史传统的因素，又有现实生存压力的原因。从历史传统上看，温州是一个远离中央的相对独立的地域社会，这种远离不仅指地理空间位置还指意识形态和文化观念上。比如说在中国传统社会中"以农为本"是官方长期奉行的意识形态，但早在宋代甚至更早温州地区就出现"工商皆本"的事功学派思想。这种与中央的疏远再加上人多地狭的生存压力，更容易促使地方政府会根据本地的具体实际来缓解境内的官民紧张，因而地方政府与民间社会更容易表现出协同合作。最能体现这种协同合作的就是温州民间商会等行业组织的发展。温州民间商会的生成与自上而下的体制转型所形成的行业组织不同，它直接面对的是假冒伪劣产品泛滥等市场失灵问题。面对市场失灵，地方政府无法独自应对但又不得不解决，地方政府一方面主动放权，赋权于民间商会，另一方面通过地方制度创新与制度供给为民间商会发展提供良好的外部环境。在今天的中国，那些具有官方背景的体制转型的行业组织尤其是国字号的行业组织，并没有真正地将权力下放，或者权力下放后继续以各种改头换面的方式寻租，其背后的根源可能还是利益，因为行业管理权力一旦下放相关的部门就难以继续寻租。而温州民间商会等行业组织能够得到地方政府较为充分的授权，可能在于地方政府、民间商会、民营企业之间的利益契合。温州地方政府与企业之间的抱团，最突出的表现就是充分发挥民间商会和行业协会等行业组织的作用。早在1988年，在温州就诞生了中国第一家民间行业组织——温州市鹿城区鞋业协会。1989年，温州市政府发出通知，由市工商联组建同业公会以配合政府加强行业管理。随后，温州市政府出台了一系列的地方法规支持行业组织的发展。温州行业组织在参与行业标准的制定、行业纠纷的调解以及协助政府进行行业管理与治理等方面发挥了重要作用。

本书将温州行业共同体命名为"地方共同体"并从经济与社会互嵌、政治与经济互嵌、政治与社会互嵌三个维度对其进行的阐释，主要受到李林艳对新经济社会学交易秩序研究的启发（李林艳，2005：198－217）。她认为对交易秩序的研究应摆脱传统经济学强调单一经济维度的束缚，而将之视为一个由经济、政治和象征三个维度组成的多维空间。尤其是她关于组织和制度力量下的交易秩序只是理想的而不是实际的交易秩序，社会网络才是市场交易秩序的真正载体的观点，激活了笔者的想象力。作为行业自治载体的行业共同体具有鲜明的社会网络特质，而行业信用也可以被视为行业组织内部的一种交易秩序。

综上所述，从共同体的自治性、自我组织、生产空间与生活空间合一等特征看，无论是传统社会的行业组织还是当代温州的民间行业组织，都具有共同体的本质内涵。由于前者具有同乡同业的特质，后者扎根于地方社会文化，因此本研究将前者命名为"同乡同业共同体"，将后者命名为"地方共同体"。除了共同体的上述三个特点之外，二者在以下两个方面也具有高度的相似性：一是在生成机制上，二者都是通过经济与社会的相互嵌入以集体抱团的方式生存进而诱发行业共同体的生成；二是在行业共同体生成的外部环境上，都是在物质、信息等资源要素不能在全社会自由流动的非对称的自发市场环境下生成。由于市场的非对称，使得交易活动都是通过非正式的关系网络而不是正式的组织和制度来实现。二者的主要区别在于，"同乡同业共同体"主要是经济与社会相互嵌入的产物，而"地方共同体"除了经济与社会相互嵌入外，还有一定程度上的政治嵌入性，以及对地方文化的深深扎根。

二、行业自治的机制

行业信用或声誉是一种具有俱乐部性质的共用品（public goods），其治理亦难免成员如何合作的集体行动问题。关于共用资源难以保护问题，西方学界很早就有人关注。亚里士多德的那句名言——人们对共有的东西关心得最少，因为人们更关心自己拥有的东西，经常被引用。但是真正从学术角度对共用资源治理难题的探讨，一般公认是从哈丁（Hardin）1968 年在《科学》杂志发表《公地悲剧》（The Tragedy of the Commons）一文开始。哈丁站在一个理性放牧人角度论证，每一个放牧人都想在牧场这个公共地上放牧更多的牲畜来获利，但只承担因此造成牧场退化所带来的一分损失，人人都在追求自己的最大利益，结果导致所有人利益的毁灭，此即著名的"公地悲剧"解释范式（埃莉诺·奥斯特罗姆，2012：3）。有关共用资源难以合作的第二个解释范式，一般命名为"囚徒困境"理论。该理论认为，在博弈双方都不知道对手选择策略下，每一方都会倾向选择背叛对方从而使自己的境况更好。若双方都选择不背叛，双方均能获利最大化。但由于个人选择背叛，最终会导致获利最大化无法实现。"囚徒困境"理论反映的也是不合作难题。

共用资源治理难的第三个解释框架，是奥尔森的"集体行动的逻辑"。该解释框架将集体中的个体行动者视作追求利益最大化的理性人，认为即便集体中的成员有共同的利益，这种共同利益也无法保证成员之间达成合作。因为每一个成员都有"搭便车"心理，坐等他人付出以获得共用资源。奥尔森进而指出，要克服"搭便车"造成的集体行动困境，需要具备两个条件。一是集团中的人数要足够的少，这样个体成员因为能够获得总体收益的很大部分而愿意承担成本。再加上小集团中的成员具有面对面的接触，容易形成驱使他为集体利益而行动的"社会压力"和"社会激励"。二是集团能够设计并实施"有选择的激励"来驱使理性个体为集体利益而行动，这种"有选择的激励"主要表现为强制性的惩罚措施和诱导性的奖励措施两个方面（奥尔森，2011：39 - 42）。

本书认为，奥尔森提出的"集体行动逻辑"分析框架，是对前人研究的一次深入推进，对于深刻理解理性人之间为什么难以合作以及合作的条件等问题的学术探讨，极具有学理上的深邃性。但是，诚如后来研究者对他的诸多批评一样，他的极化的经济学思路忽略了现实生活中人们之间的社会关联。有学者将奥尔森的"搭便车"理论归纳为三个理论假设，即个体之间的完全独立假设、内生性假设、零和博弈假设（冯仕政，2013：132 - 134）。试想，在现实生活中，人不可能是完全原子化的独立个体，人与人之间的博弈也不会全部是你有我无甚至你死我活的零和博弈，否则人类社会会陷入霍布斯所说的"人对人的战争"状态。

正因为如此，学术界存在着与奥尔森在共用物品治理上的悲观论调不同的声音，下面两位学者的观点便是其中的典型代表。一位是日裔美籍学者青木昌彦提出的"关联博弈"概念。青木指出，现实世界中行动者的行动（博弈）涉及两个领域，一个是共用资源领域，一个是社会交换领域。关联博弈是指将行动者在共用资源领域的博弈与社会交换领域的博弈联结起来，如果行动者在共用资源治理上搭便车，那么他就会在社会交换领域（社群内部）被排斥，这种社会交换域存在的制裁作为一种"负面选择激励"，会促使行动者摒弃搭便车而参与群体内部在共用资源博弈中的合作。社会领域存在的这种社会网不仅具有惩治违规的监督作用，还有对付出者的奖励补偿机制。他在解释日本某些地方有才能的渔民愿意与其他渔民分享捕鱼经验行为时指出，这些有能力的渔民付出的成本得到了补偿，这些补偿是社会意义上的社会地位和社会尊重（青木昌彦，2001）。另外一位学者是诺贝尔经济学奖获得者埃莉诺·奥斯特罗姆提出的"共同体治理"理论。奥斯特罗姆认为，对于公共池塘资源①这种类型的共用品，是完全可以在不依赖外力下进行自治的。在一个边界相对封闭的人群中，借助于人际关系网络中的信任、声誉、互惠等社会资本，可以建立自治理的机制来实现对公共池塘资源的有效治理（埃莉诺·奥斯特罗姆，2012）。

下文将沿着青木昌彦和奥斯特罗姆两人提供的学术思路，以中国传统社会行业自治的历史经验和当代温州行业自治的地方实践为案例，建构一个分析框架来阐释在没有外部强制力下，行业问题是如何得以自治的。该分析框架主要包括两个方面：行业自治的前提条件与实现机制。

（一）行业自治的两个前提条件：封闭性网络与整体性网络

1. 封闭性网络

如前所述，无论是传统社会的行业组织还是当代温州的民间商会，都是在"同乡同业"基础上自发生成，经济网与社会网的相互嵌入以及共同体内部的紧密抱团，使得行业共同体呈现出鲜明的封闭性网络特征。封闭性网络对行业自治提供的资源，主要是集体评议所形成的社会性权威和自然内生的信任。此外，封闭性网络中的精英或能人提供的日常权威，也是重要的自治资源。网络的闭合性能够使网络中的成员形成一种高度的相互依赖同时又无法退出的关系，在这种关系中成员之间的信息对称、利益共生和相互监督等特点，使得声誉能够发挥对成员的非正式约束作用。

2. 整体性网络

本书所指的整体性网络是就网络中不同类型能人（精英）的重合情况而言的，它对于集体行动的意义，主要涉及网络内部的若干小圈子能否一致行动。由于中国社会结构是典型的小圈子结构，网络内部的众多小圈子之间如

---

① 关于公共池塘资源的属性，本书第二章已经说明。

果都不发生关联而相互封闭，这个网络的整体性就很差，影响网络的集体行动能力。行业共同体作为一种网络，其网络内部一般存在三种能人或精英，分别是经济能人、政治能人、社会能人（罗家德、孙瑜等，2013）。本研究对经济能人主要是从经济状况、经营能力和经营业绩等角度进行考量，对政治能人是从占据体制位置、利用体制内资源角度进行考量，对社会能人是从威望和社会声望角度进行考量。当网络中经济能人、政治能人与社会能人重合性越高时，网络的整体性也就越强。整体性网络能够为行业自治提供的资源，一是通过"政治嵌入"提供自治需要的权威，二是提供共同体内部合作需要的"第三方信任"。

（二）行业自治的实现机制

1. 权威机制

行业自治是同行从业者在面对行业信用问题时，自己组织起来共同制定规则并执行规则来维护行业声誉。无论是规则的制定还是执行，都需要一种能够将群体凝聚起来的力量，且这种力量能够为成员认可和服从。本书将这种得到成员认可或服从的力量称之为自治的权威。行业自治所需要的权威，本书认为主要有三个来源：

一是社会性权威，这种权威来自群体内部通过集体评议所形成的社会舆论压力。当群体内成员就某个事项达成共识后，不服从或违背者将会被视为对整个群体的背离。只要成员无法退出这个圈子，圈子内的这种社会性权威将始终存在并对成员构成约束作用。这种权威依赖封闭性网络。比如说在中国传统社会，许多行会、会馆、商帮都会在比较固定的节日或时间集体聚会宴饮来对行业事务加以评判，这种社会性权威一般都会借用对行业神、地方神或者其他的公共祭祀仪式等，以神秘的神灵予以强化。

二是感召权威，这种权威来自具有感召魅力的个人，主要是行业中的精英或能人。行业中能人的这种权威主要来自公正无私、奉献精神和行业经营上的成就等。也就是说他既是经济能人，同时也是社会能人，具有较高的社会声望。以温州的实地调研为例。温州服装商会是一个典型的民间性行业组织，无论在经费上还是商会领导选拔上都不受行政力量的干预。如何将这种民间性组织凝聚起来，成为商会运作的一大难题。1994年服装商会成立时，第一任会长刘松福做了大量的工作。他不仅牵头商会的筹备，而且还为那些在经营中遇到各种困难的服装企业排忧解难，甚至主动放弃自己公司的经营业务，服装商会会长的这种奉献精神一直薪火相传。温州服装商会上任会长为一家知名企业老总C，他为了竞选服装商会会长承诺辞去公司领导职务去全力经营服装商会。温州服装商会现任会长Z，也辞去了自己的公司领导职务去竞选服装商会会长。Z会长走马上任第一件事，就是筹划对温州服装行业进行长达六个月的摸底调查，以便了解温州服装行业的整体状况，为今后服装行业的发展进行规划。从这里可以看出，对于服装商会这一类纯民间性行业组织而言，其发展很大程度上依赖会长个人。或者说如果没有会长的奉献精神，很难对会员形成感召力。对于行业共同体这一类缺乏外部强制力的网络而言，共同体中的灵魂人物必须要具备无私、公正、奉献等品质，由此才能形成感召力，或者说能"服众"。人类学中关于"头人"的研究表明，权威是通过给予来获取的，这是一个交换的过程（王铭铭、王斯福，1997：330）。会长的奉献精神和专业才能，有助于其个人的权威树立，这种个人权威对于行业自治而言是一种重要资源。

三是对政治权威的借用。以温州民间行业组织的行业执法权为例，一些行业组织如温州市Y协会在行业上的维权等权力虽然得到政府的行政授权，但这种执法权在短期内难以得到会员的认可，会员对这种权力的接受需要一个过程。而温州Y协会所获得的地方政府授予的处罚权，也并不具有合法性（中国目前还没有商会法来对商会的权力进行法律上的规定），对政治权威的借用，一是直接借助政府行政执法力量，比如说Y协会发现他人仿造和冒牌时，会通知质量监管部门一同前往，对违规者的生产模具没收并进行行政处罚，地方政府部门还会对那些新的专利技术，在地方报纸上刊登。对政府权威的借用，很多的时候是通过"政治嵌入"路径。政治嵌入提供的权威，是借用政治资源来弹压违规者以确保规则的执行。正如奥斯特罗姆所言，如果不能创建规则并为执行规则配备相应的监督与制裁手段，单靠互惠通常不足以应对人们屈于诱惑的违规现象（埃莉诺·奥斯特罗姆等，2010：364）。在传统社会的行业自治中，行会组织一般都会主动向地方官府申请保护，后者也会以立碑公告等方式来对违规行为予以申饬，尤其是对于行业内纠纷等申诉问题，积极支持行业组织按照惯例裁决。这实际上就是一种政治嵌入的权威。而行业组织中的能人，也会利用私人的关系网络来强化组织的执法权威。在温州行业组织自治中，地方政府将诸多的行业管理和纠纷化解的权力，以地方立法的形式予以公示。而由于许多民间商会会长具有人大代表或政协委员的身份，可以利用参政议政的机会向政府表达诉求，尤其是申请政府行政执法，或者动用媒体力量来曝光违规行为，这就使得民间商会在行业治理上的权力慢慢得到执行，行业组织的权威亦会逐渐树立起来。比如说当共同体内部无法对违规者制裁时，可以借助于政府的强制性力量来保证规则得以执行。正如有学者所说的，政治嵌入性不仅包括与政府官员私人之间的非正式关系，还包括对国家内部各种制度和政策的利用（黄冬娅，2013）。对于几乎得不到国家财力支持而完全依赖地方民营企业的温州地方政府来说，政府对民营企业的高度依赖以及对民营企业监管的放松，使得民营企业的"政治嵌入性"能够为自治提供更多的资源，"政治嵌入"与"自治"之间并不矛盾。

温州民间商会是以温州总商会作为业务主管部门，温州总商会虽然不属于行政系统，但是在中国特色的"政治协商"政治体制下，它会通过被赋予的参政议政职能而获得无形的政治资源。虽然温州 F 商会 Z 会长在访谈中反复提到 F 商会是典型的民间组织，与政府没有什么关联或者得不到政府的直接支持。但是笔者以为，商会类的民间行业组织可以通过总商会这个纽带而与政府形成勾连来间接获得权威。耐人寻味的是，笔者去 F 商会与 Z 会长访谈时，发现温州市总商会和温州 F 商会的办公地同位于温州市总商会大酒店，F 商会办公室的楼上就是总商会的办公处。温州总商会的会长，一般是由温州境内知名的民营企业老板担任，而且通常兼任政协副主席职位。温州 F 商会的 Z 会长也兼任总商会副会长一职。因而温州 F 商会存在通过私人关系来动用政治资源的可能性。对于行业自治来说，权威的作用，主要是形成对业内规则的服从力量。没有对规则的内化服从，成员之间的合作行动将难以达成。

2. 声誉机制

如前所述，在封闭性网络中，成员之间一般知根知底，相互间利益攸关，各自的行为也无法相互隐瞒，这些特点完全具备声誉机制发挥作用所需要的条件。经济学的声誉理论认为，要使声誉能够自发对市场交易中的行为产生约束，至少需要具备以下两个条件：一是交易行为不是一次性博弈而是重复博弈，这样行为人就不会为了眼前利益而牺牲未来的长远利益；二是信息的充分流动（张维迎，2001）。只有在一个信息充分流动的社会，才有可能使得不良声誉得到广泛传播，进而使得违规者被全体交易者排斥在外。封闭性网络作为一种"小圈子"社会完全具备声誉发挥约束作用的上述两个条件。

在传统社会的行业自治中，违规舞弊信息很容易借助行会以及商人群体内部的信息网络而传播，罗威廉的研究发现，"由于组成会馆的商人都隶属于某一在各主要城市都拥有分号的连锁商行，而这些城市里又都有本乡会馆，这样，由会馆组成的这一网络就得到了进一步加强"（罗威廉，2005：326）。也就是说，在汉口这样高度流动的商业社会，商人既是作为同乡组织（会馆）的成员，同时也是同业组织性质的连锁商行的成员，商人所具有的同乡兼同业组织成员的交叉身份，不仅加强了同一城市中同乡商人之间的联结，同时也使得不同城市之间的同乡商人甚至同业商人之间的商业网络得以强化。商业网络的强化带来信息传递的便捷和透明，违规者很容易遭到同乡和同行的集体抵制。

在当代温州行业自治中，发达的产业集群使得声誉能够有效发挥非正式的约束作用。温州是典型的"七山二水一分田"的自然格局，平原很少，众多的集群企业几乎都是在一个狭小的平原地带上扎堆发展，比如说几千家低压电气产业的相关企业集中在区区四十几平方千米的乐清市柳市镇，这个狭小的生产空间同时也是一个社会交往的空间，相互之间的信息是透明的。笔者在访谈温州 S 行业协会副会长 C 时，他就此指出，我们协会规模不大，几十家企业全部集中在江边一条街，大家想不见面都难，平时也会经常在一起聚会闲聊，从生意到私人生活，都会谈起，所以对于每一个会员的信息可以说是心知肚明①。在狭小的空间内，信息的公开透明本身就是一个隐性对失信者的约束力量。更为重要的是，发达的产业集群中，由于产品的趋同性高，导致内部的竞争异常激烈，违规者会被集群产业直接淘汰。笔者的一位宗亲在温州乐清柳市镇的低压电气产业集群基地从事注塑产品的加工，他对产品

---

① 2011 年 12 月 16 日，在 X 公司与温州 S 协会副会长、X 公司董事长 C 的访谈。

质量意识和声誉的看法就具有代表性。他说他生产出来的产品首先要人工一个一个检验，合格后才可以出货，接收货物的顾客还会再检验一遍以确保质量万无一失。万一产品不合格比率和频次过高，对方会取消对你的供货需求。因为在乐清柳市低压电气产业最为发达，完善的产业链和众多中小企业的扎堆使得同行企业之间的竞争激烈，如果产品质量不过关对方可以随时随地在本地其他企业找到可替代的供货对象，这等于自己把自己逼入绝境。由于这里的每个企业都是专门为集群内企业进行配套生产，它只有依赖这里的产业集群才可以生存①。因此，产业集群使得大量的中小企业即便不是行业组织的成员，也不得不遵守行规行约和注重自身的声誉，否则无异于自绝生路。就温州经济而言，它并不是西方意义上的发达成熟的市场经济，它很大程度上依靠关系网络进行交易，产业集群就是一个扎根于本地的交易网络，被这个网络排挤就意味着失去未来长远的收益。在 2011 年 9 月下旬温州集中爆发企业老板"跑路"风潮时，笔者在温州实地调研时与一位温州老板的访谈，一定程度上有助于理解温州人声誉意识的生成根源。他说即便出现一些温州老板因为资金链断裂而"跑路"的现象，也不能认为温州老板不讲信用。做生意一定要讲信用，声誉非常重要。温州就这么大，把自己名声搞臭了，就没有办法在这里立足了。在产业集群下，相关企业之间既是一种重复博弈，同时也是一个封闭的小圈子中。当行为者对圈子高度依赖而又无法退出时，声誉就是圈子内的人共享的行为准则，败坏声誉等于自寻死路。笔者在这里借用"象征秩序"概念视声誉为一种有助于辅助交易秩序得以实现的"象征秩序"，它作为"一定程度上共享的关于经济现实的理解图式和行为准则"，能够使行动者对经济现实的感知简单化和有序化（李林艳，2005）。对于温州人来说，习惯于簇拥在温州人圈子中进行交易的市场模式，是声誉机制能够发挥信用约束的最根本原因。

因此本书认为，无论在中国传统社会还是当代社会的行业自治，声誉机制作为一种有效的软约束或者非正式约束机制能够促使成员对行业规则和秩序的自发遵守，这种遵守并不是来自道德自觉，而是不讲声誉可能面临被封闭圈子排挤，注重声誉也是一种生存理性的驱使。

---

① 2011 年 12 月 23 日在笔者宗亲 WH 的注塑加工厂对其进行的访谈。

3. 信任机制

在自治中，信任是其中最核心的要素。无论是近年来兴起的治理理论、社会资本理论还是共同体理论，都将信任视为人际合作和群体内聚不可缺失的要素。尤其是奥斯特罗姆有关公共池塘资源共同体治理的研究，发现公共池塘资源的有效治理正是依赖关系网络中的信任、声誉、互惠等社会资本（埃莉诺·奥斯特罗姆，2012）。在行业自治中，同一行业从业者能够在维护行业声誉、遵守行规行约上进行合作，信任机制发挥着重要作用。

行业自治中的信任，本文认为主要有以下两种。

一是自然内生的信任。就行业共同体而言，这种信任源自经济与社会相互嵌入构成的封闭性网络。在这种封闭性网络内，成员之间构成了一种捆绑式联结，成员之间的信任，类似于一种承诺关系。这种承诺关系是指，在封闭的网络中由于相互监督、相互依赖，即使团体成员不那么可以信赖，但是相比于团体外的陌生人而言，团体内部成员还是合作的优先选择（罗家德、李智超，2012：86）。这种自然内生的信任，除了承诺关系外，还有另外一种类型的信任——哈丁所说的"互相为利"的信任。这种"互相为利"的信任形成机制是，基于工具性动机从事交换的个人因为相互之间都掌握对方的利益，在相互依赖之下会尽量表现出值得信赖的行为。随着交换关系的持续，双方逐渐产生信任，进而形成心理性依赖（罗家德、李智超，2012：85）。这种信任在当代温州尤为典型，它与温州发达的产业集群以及温州人在熟人圈子内交易相关。产业集群的生成本身需要企业之间的信任为前提，这是因为企业之间在地理空间上的集聚以及频繁的交易会逐渐形成相互之间的高度依赖，而高度依赖会引发信任：单个企业若脱离集群而与集群外企业进行交易，会因缺失信息、信任等而导致更高的交易成本，这种依赖对增进相互信任。

二是"第三方信任"。"第三方信任"概念来自罗家德等人对河北S镇家具协会的个案研究。该研究认为，当地方行业分散、缺乏龙头企业时，由行业内的企业出任会长时就面临强烈的不信任问题，因为会员担心会长为自己的企业牟利而损害行业成员的利益，因此需要从业外寻找会长人选。会长的"第三方信任"会促成协会中的会员对其决策公正性的信任，协会成员因而会更加积极参与协会工作（罗家德、侯贵松等，2013）。由于缺乏历史文献资料，本书无法对传统社会行业自治中"第三方信任"加以研究。以笔者在温州对两个行业组织领导人的访谈来看，"第三方信任"发挥着群体联结和凝聚的作用。

与罗家德等人研究的 S 镇家具协会不同，温州境内的行业组织尤其是行业影响大的行业组织，都是在产业集聚的基础上生成，基本上都是由行业内的龙头企业老总出任会长。笔者以为，在纵向的产业链与横向的产业集聚下，龙头企业、大型企业、中小企业之间，具有极强的相互依赖关系，比如说中小企业是大型企业的供货商，大型企业又是龙头企业的供货商，多年的供货关系使得它们之间形成了非常稳定的合作伙伴关系。这种互利共生的利益关系，再加上圈子内部的私人关系，使得那些行业影响大的会员企业要么自觉承担会长，要么被会员推举为会长。自觉担任会长并不是出于高尚的道德境界而是整个行业抱团生存的现实，会长若为自己谋利或损害其他企业利益，最终也会损害自己的利益。而被推举为会长，使得被推举者承担着道义上的责任，尤其是在温州这样一个典型的熟人社会。但是笔者认为，尽管会长来自行业内，他仍旧具有第三方信任的意义。以温州市最著名的行业商会——温州市 F 商会为例，现任会长和前任会长都是温州市知名企业的负责人，他们都辞去自己公司负责人职务去担任 F 商会的专职会长，这在目前中国其他地区并不多见，而且温州现有的行业组织管理办法也并未对会长必须是专职做强行要求。这里面其实有罗家德等人所说的"第三方信任"原因。温州 F 商会是属于由温州总商会为业务主管单位的民间商会，其民间性、自主性色彩浓厚，会长的"第三方信任"角色容易理解。温州境内另外两个著名的行业协会——Q 行业协会和 X 行业协会，都是以温州市经信委作为业务主管单位，这两个行业协会的会长不像温州 F 商会那样做专职会长，但是这两个行业协会选任的秘书长都有共同特点：都具有在政府部门工作的经历，或者说具有政府背景；两位秘书长都是兼任双职，即秘书长兼任常务副会长或执行会长[①]。按照当今中国行业组织管理办法，协会的副会长、常务理事等职务

---

① 温州市 X 行业协会秘书长 X 同时也是 X 协会的执行会长，由于 X 协会会长是温州最大的鞋革企业负责人 Z，Z 并没有像 F 商会 Z 会长那样做专职会长而是自己要经营公司，所以执行会长实际上承担着更多的协会领导工作。温州市 Q 秘书长 H 同时也是 Q 协会的常务副会长，常务副会长在会长缺席时成为协会的实际领导者。

一般都是从会员企业中选举产生，也就是说要具有法人身份而很少由自然人担任上述职务。但是温州的这两个行业协会都是从自然人当中选举副会长。笔者以为秘书长兼任常务副会长或执行会长，就发挥着"第三方信任"的作用：秘书长并不是行业内企业老总，与行业内其他会员不存在同行之间的利益争夺；多年服务行业的经验和对行业发展状况的熟悉，能使他逐渐获得会员企业的信任。

在行业自治中，自然内生的信任固然是集体行动的黏合剂，但是第三方信任也不可缺少。笔者以为，中国社会的信任是特殊主义信任，这种信任嵌入在紧密封闭的关系网络中。但是在行业共同体中，成员之间的关系联结毕竟不如先天的血缘关系和地缘关系，而且成员之间在利益一致的同时也存在利益竞争，这需要通过共同体内的精英人物发挥"第三方信任"来维持网络的聚合，进而使得成员在面对行业信用问题上得以进行集体协作。

4. "关键群体"（critical mass）机制

关键群体这个概念由奥利弗和马威尔等人在研究集体行动中合作如何达成时所提出并加以阐释。他们在研究中指出，关键群体由具有奉献精神的少数人构成，他们不仅愿意无偿为他人提供一定的公共物品，而且还往往承担着集体行动的启动成本（start-up costs），这就使得其他人参加集体行动的边际成本降低，或者边际收益增加（Oliver & Marwell，1988；Oliver，Marwell & Teixeira，1985）。由行业中的若干能人或精英组成的关键群体对行业自治的作用机制，主要体现在以下两个方面。

第一，关键群体对行业共同体生成具有启动作用。虽然"同乡同业"是行业共同体生成的社会经济基础，但这并不意味行业中的个体成员都能一致性地加入组织以完成个体的组织化，个体成员的组织化需要有群体内部的动员力量，这个动员力量就是由若干能人以及组成的关键群体来完成。费孝通的差序格局概念认为，中国社会中人与人之间的联结是依靠私人关系网络来实现的，每一个网络都有自己的中心，如果将共同体视为网络，若干能人组成的关键群体就是网络的中心，国内亦有学者将此表述为"个人组织化"（张江华，2010）。在温州的实地调研中，笔者与温州服装商会的 Z 会长访谈时，他指出，在1994年温州服装商会成立之前，同行企业之间的仿冒、劣质、低价竞争等行为经常出现，因为大家都是相互仿冒和竞争，也没有谁觉得不好。后来，由行业中的一些最大的企业主倡议成立商会，商会刚开始成立时只有十名会员。随着一些大企业老板经常坐在一起聚会，大家才慢慢觉得维持行业秩序很重要。随着越来越多的会员加入，服装商会规模逐渐扩大，如今温州服装商会已经拥有会员1200名。而1988年在温州成立的新中国第一个民间行业组织——温州市鹿城区鞋业协会，也经历了同样的历程。1987年杭州武林广场的"火烧温州鞋"，给温州鞋革行业乃至温州市一记响亮的耳光，在这种情况下，由当时吉尔达鞋业公司老总余阿寿牵头联合一些鞋业大佬进行联名倡议和组织动员，翌年鹿城区鞋业协会成立。后来鹿城区鞋业协会又不断联合温州市辖区内其他地方的鞋业公司，才有了今天中国最著名的地方性鞋革行业组织——温州市鞋革行业协会。从温州服装行业和鞋革行业的行业共同体生成过程来看，关键群体的牵头和动员起着启动作用。

第二，"关键群体"对行业自治资源的内部动员和外部借用作用。主流的集体行动理论认为，集体行动所需要的资源完全来源于群体内部，集体行动完全是内生的。但是资源动员理论认为，很多集体行动所需要的资源是来自群体外部而不是内部（冯仕政，2013：133）。行业信用的自治，需要行业内成员在制裁违规行为等方面采取联合行动，这种联合行动作为一种典型的集体行动，一方面需要从共同体内部进行资源动员，同时也要对外部资源加以借用。行业自治中无论是内部资源动员还是外部资源借用，都与"关键群体"紧密相关。首先，关键群体中的精英人物与普通成员之间的相互影响一般高于普通成员之间的相互影响，他能够将没有关联的个体联结起来，即通过私人关系动员其他成员加入（Oliver & Marwell，1988），有助于增强社会网的密度。如果关键群体中的能人或精英居于网络中的中立位置，更能增强成员之间的相互信任（罗家德、侯贵松等，2013）。这种信任正是行业自治的核心资源。能人或精英组成的"关键群体"，还为行业自治提供其他重要资源，比如利用精英人物的人脉和个人威望来做沟通协调工作，在"政策游说"上为本行业获取更多的外部政策支持，这会为会员带来利益，进而增强会员对组织的向心力。尤其是在温州，行业组织中的精英一般都是规模企业的老总，他们大多数人具有人大代表或者政协委员甚至更高政治身份，与政府具有各种各样的社会关联。温州历来在土地、电力等方面的资源紧缺，一般企业若不加入商会或者依附于商会，很难获得这些稀缺资源，正是这种需求才使得"选择性激励"起作用。

上述对中国行业自治的前提条件和实现机制的探讨主要是在个体行动的网络嵌入性视角下进行。这主要是考虑中国社会中人与人之间的联结方式不是表现为西方意义上的独立个人组成的"社会",而是表现为小圈子。这个圈子既表现出在内部抱团实现资源的共同分享,又呈现出差序格局特点,它可以按照现实利益的需要向外延展。同乡同业构成的小圈子将外人排挤出圈子后,圈子内部的利益斗争并没有消失,因此必须内部制定规矩来约束各自行为。作为一种关系基础上的非正式合约,这种内部规矩对成员能发挥有力的约束作用。但是这种作用的机制,表面上依靠的是温情脉脉的乡情地谊和行业神崇拜之类的超现实力量,但实际上可能还是依靠最具杀伤力的威胁来迫使成员守规矩,那就是将败坏规矩者排挤出圈子,由此不仅断了他的生计,同时亦使得其在小圈子中蒙羞。例如,在徽商、晋商中都有这样类似的习俗,即因经营不善而无力偿还的债务人,可以当着众人的面向债主磕头来了结。在中国文化观念中,当众磕头除了具有谢恩的意义之外,还内含另外一个意义,即债务人接受众人监督,今后将永远不再涉入这个圈子。笔者由此想起2012年在温州进行访谈时一位受访温州老板说过的话。他说温州人有着其他地方不一样的信用观念,就是没有人恶意赖账。他不仅自己亲身经历而且也经常听起这样的事例,因经商失败无力偿还民间借贷而出走他乡的商人,突然有一天回到温州,将自己曾经欠下的债务一一还清。笔者由此思考,既然已经远走他乡,完全可以隐姓埋名不必回来,为什么还要回温州偿还债务?这不能完全归因于道德的自觉和信用意识,可能还有对未来长远利益的考量——作为温州人终究还是要在温州人圈子内做生意。笔者由此推断,在中国传统社会和当代温州的行业自治中,作为制度文本的行规行约很多的时候可能是摆设或者具有象征意义,它也许并不能对违规行为施加强制。真正对成员构成约束力的,可能还是成员无法退出圈子,以及圈子内部的相互凝视和监督所形成的约束。这种约束力量,与福柯所表达的一种具有渗透力的微观权力极为类似:在被囚禁者身上造成一种有意识的和持续的可见状态,确保权力自动地发挥作用,这种权力是可见的但又是无法确知的(米歇尔·福柯,2007)。本文将上述观点用图6.2来加以展现。

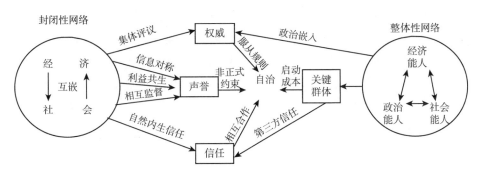

图 6.2　中国行业自治的条件与机制

本章小结

本章由两节构成，第一节部分在历史文献资料和温州实地调查资料基础上，聚焦于中国行业共同体生成逻辑和特征，将研究中的发现概括为四个命题："同乡同业"的经营方式形成链条式行业发展模式；同乡与同业之间的相互扶持形成抱团式集体生存模式进而诱发行业共同体的生成；行业共同体中同乡组织与同业组织相互渗透使得它带有浓厚的非正式性和非制度化色彩；行业共同体具有对外部环境自动适应的伸缩性。在第二节部分主要围绕两个议题展开，一是行业共同体的本质，本书援引"共同体"概念，将传统社会的行业共同体本质界定为"同乡同业共同体"，将温州民间商会协会界定为"地方共同体"。二是行业自治得以实现的两个前提条件与四大实现机制。两个前提条件分别是网络的封闭性和网络的整体性，四大实现机制则是权威机制、声誉机制、信任机制和关键群体机制。

本书是在行业共同体视角下对中国行业自治展开研究，中国语境下行业自治依托的载体在很多文献中使用的是行业组织概念，尽管字面上有"组织"二字，但究其本质它实际上是组织外衣下封闭的小群体或者圈子，本书认为用"共同体"或社会网络来概括更为贴近其真实内涵。这种行业共同体与西方意义上正式化和制度化的行业组织不可同日而语。比如说作为正式化和制度化的组织，一般都有科层式的信息传递渠道和权威体系，正式规章制度具有约束力。但是在中国行业共同体中，有关会员和行业内的真实信息，往往是在一些非正式的渠道内获得，如圈内的聚会、饭局、闲谈等，通过正式组织渠道还不一定能够获得有关会员全面而真实的信息。而行业共同体的权威，往往又与共同体网络中的核心人物（一般称之为精英人物或者能人）高度相关，具有浓厚的人格化色彩。另外，行业共同体制定的文本制度，也不一定得到会员的自觉遵守，这些制度文本在具体执行中经常借助于非正式的脸面、闲言碎语之类的社会舆论甚至共同体中精英人物的思想工作等得以实施。这些都表明，在研究中国语境下的行业自治时，不能仅凭制度文本进行解读而是要考虑中国本土的历史文化传统，尤其要理解中国社会中共同体的形成和运作对私人关系的高度依赖，以及关注正式制度或制度文本背后那些非正式和非制度化因素可能产生的实质性影响。

| 第七章 |

讨论与结论

本章讨论部分主要探讨以下两个问题：一是温州行业自治与西方自治的比较。二是在当今中国，体制内生成的行业组织难以实施行业自治的原因。最后，在中国传统社会与当代社会行业自治历时性比较、中国与西方自治共时态比较以及体制内生与市场内生两类行业组织治理比较基础上，提炼出本研究的最终结论。

第一节　温州行业自治与西方自治的比较

下文关于温州与西方自治的比较研究，主要从共同体的形成与动员方式、自治的实现机制、行业精英和会员的激励方式等方面展开。有关温州的资料主要来自笔者在温州的实地调研，有关西方的文献资料主要来自二手资料。

一、共同体的形成与动员

共用资源的治理一般都要借助共同体载体来实施。有学者将西方共同体的形成和动员过程概括为以下几个步骤：利益相关者共同体成为关键群体，然后成员持续加入组成自治理团体；边界相对封闭的社会网络的形成；建立团体规范并与外部的政治政策环境寻求互动，来寻求集体行动的可能性与合法性；建立互惠机制、监督机制等使得集体行动持续化、组织专业化和规范化（罗家德、孙瑜等，2013）。

温州行业共同体的形成与动员与西方有一些相似之处，这种相似之处主要表现在以下两个方面：第一，都是由利益相关者中的核心人物形成关键群体，然后依靠关键全体进行动员。由于对西方行业共同体的动员研究资料主要来自二手文献，对于其共同体内部的动员缺乏翔实的实地研究资料，故下文主要介绍温州行业共同体中关键群体的动员过程。首先以温州鞋业协会的形成为例。1987 年在杭州武林广场的火烧温州鞋事件，使得温州鞋如过街老鼠。在温州鞋面临生死存亡的关键时刻，温州鞋业中的元老级人物、吉尔达鞋业公司创始人余阿寿以其在温州鞋业具有的崇高威望和地位，出面联络同行筹建鞋业协会，于 1988 动员了 20 余名"鞋佬"发起建立全国第一家地方行业协会——温州市鹿城区鞋业协会。当时共有 68 家企业作为会员单位参加，余阿寿以其公认的威望和资历当选会长并历任四届。在余阿寿的领导下，鞋业协会协助政府组建鞋类质量整顿领导小组，与市工商局和技术监督局等部门合作制定了鞋业整顿管理条例等规章制度。他作为当时温州鞋业代言人，联合了 370 多位鞋厂厂长发出倡议：以鞋城声誉为重，讲求质量，不赚昧心钱（叶正积，2008：471）。再以温州市服装商会的形成为例。温州服装商会成立于 1994 年 3 月 24 日，在服装商会成立之前，温州服装业界就盛行仿冒之风。笔者在温州市服装商会调研时，商会工作人员告诉笔者，由于温州人有很多在欧洲的一些国家尤其是法国和意大利这两个国家经商。法国的巴黎和意大利的米兰是世界上两个著名的时装之都。一旦这些地方有新的时装款式流行，当地温州人就会通过各种渠道将流行时装的照片及时寄回温州，然后温州当地厂商迅速根据照片中的款式加以批量生产。由于这些时装的仿冒十分逼真，肉眼几乎无法辨清真伪，而且价格比正品便宜很多，使得这些仿制服装十分畅销。当其他厂家看到别人赚钱时，也会跟着仿冒。温州当时的很多服装厂家就是依靠仿冒国外知名品牌而赚取第一桶金的。但是企业之间的相互仿冒对于那些坚持自主品牌的厂家构成侵害。这个时候，温州"金三角"服装公司创始人刘松福等人开始联合其他几个服装业界大佬发起成立了中国服装业第一家民间商会——温州市服装商会。温州市服装商会成立后坚持创立自己的品牌，并且以集体抱团的方式在中国香港等地进行服装行业的参展。最近十多年来，服装商会集体打造"瓯派"服饰品牌，并且在温州召开一系列中国服装大型展销会。温州服装商会能够"众志成城"并成为温州民间组织的一块招牌，与刘松福个人的敬业精神是分不开的。他因其为温州服装商会专心、无私的工作而被业界尊称为"老会长"。服装商会的凝聚力也是源于刘松福。他在担任会长期间，只要哪家企业有困难，都会想方设法帮助解决，即使是牺牲自身企业的利益也是在所不惜。他以自己的公平、公正、奉献精神树立了威信，是一位德高望重的好会长①。从温州行业共同体的动员上可以看出，行业内的关键群体是行业组织生成的动力源。尤其在温州，关键群体中的核心人物发挥着巨大的凝聚人心的作用。第二，无论是西方还是温州，共同体都在积极地与外部政策环境进行互动来寻求行动的合法性。如果说二者在合法性上有细微区分的话，这种区分主要是西方共同体是寻求法律合法性并与行政力量保持一定的边界，而中国温州的行业共同体则是主动嵌入地方政府，更多的是为了获得行政合法性②。

当然，温州行业共同体动员也有与西方的不同之处，这种不同主要是，西方是在共同体形成后，随着成员的持续加入然后形成相对封闭的社会网络，共同体团体和封闭性网络在生成上具有逻辑上的先后关系。而在中国温州个案中，相对封闭的社会网络是先于共同体形成的。这个封闭性网络是自在的，但由于网络成员在现实利益面前都存在"搭便车"动机，因此需要网络中的核心人物去组织和动员，这就是有研究者所说的中国社会组织在形成机制上具有"个人组织化"的特点（张江华，2010）。笔者以为，在温州行业共同体动员案例中，如果没有核心人物，潜在的关系网络难以被激活，共同体的形成将变得困难。

---

① 参见温州服装网，http：//www.wzfashion.org/index.php？m＝content&c＝index&a＝show&catid＝9&id＝2659 2012－07－31。

② 高丙中认为，社会团体的合法性不一定就是符合法律的规定，而是只要符合某种社会秩序就具有合法性。为此他区分出社会团体的四种合法性，即政治合法性、社会合法性、行政合法性、法律合法性。温州行业共同体并不是不追求法律合法性，而是在中国行业组织管理法治化程度比较低的情况下，寻求行政合法性更加切合实际（高丙中，2000）。

二、自治的实现机制

埃莉诺·奥斯特罗姆关于公共池塘资源共同体治理的研究发现，自治需要在封闭的网络下，借助于声誉、信任、互利互惠机制实现（埃莉诺·奥斯特罗姆，2012）。青木昌彦关于社区性规范促进村民在灌溉系统这种共用资源上的合作研究也表明，在一个相对封闭的社会网络中，成员通过对违规者的谴责和排斥能有效地遏制成员的搭便车行为。对被排斥的恐惧构成了一种负筛选激励，它迫使成员遵循非正式的集体规范，保证合作顺利进行（青木昌彦，2001）。也就是说，在西方，自治的实现需要以封闭性网络为前提，在这种封闭的网络中非正式规范才能够对成员行为构成约束。罗家德等人对中西方行业组织监督机制的比较研究也发现，西方的行业协会在自治中，非正式的社会网络发挥着对会议缺席者进行监督和促进成员之间相互合作的功能（罗家德、侯贵松等，2013）。在中国温州的个案中，这种封闭性网络也是自治实施的前提条件。同时在这种封闭性网络下，一些非正式的机制如声誉机制、信任网络机制等得以发挥对成员的行为约束。由此可以发现，在封闭网络下西方和中国自治具有相似的实施机制，即声誉机制、信任机制、互惠互利机制等。

在自治实施机制上中西方也存在一些不同之处。首先，在中国温州自治的案例中更需要借助于地方政府的力量。中国行业组织在执法权等方面缺少宪法和法律等制度层面的有力保障，最典型地表现在目前中国尚未出台"商会法"一类的专门法律。行业组织的生存空间取决于其作为，它更多的是作为政府的助手，或者说中国的行业组织只能在政府的有限授权下以及借助地方政府的政治资源才能更好地实施行业自治。温州行业治理中的政治嵌入机制就明显地折射出行业组织对政治力量的依赖。其次，作为自治实施前提的封闭网络，中国温州案例中的社会网络虽然也具有封闭性，但这种封闭性网络很独特，即它不是自由市场意义上的交易网络而是一种可以称之为面向特定对象的"温州人网络"。由于温州人局限在温州人的网络中进行交易，内部紧密抱团的经商传统使得网络中的成员形成一种无法退出的关系，这种关系对成员的约束力可能更为强大。正如罗家德等人的研究所指出的，中国的行业协会更加重视非正式规范，西方行业协会更加重视规章、制度等正式监督机制的作用（罗家德、侯贵松等，2013）。温州是一个典型的圈子社会，非正式规范更为强大，这可以从温州行业组织几乎很少利用正式规章和制度来惩戒行业内失信行为而主要通过非正式声誉等来约束得到反映。最后，在中国温州案例中，行业自治的实施对行业内的精英人物具有很高的依赖，这体现在"精英治理机制"上。虽然在西方共同体形成之初一般也会由精英人物形成"关键群体"来加以动员，但是在规章制度的执行中更多地依靠正式的制度和群体监督来约束会员的行为。在中国温州的案例中，当正式规章制度在执行中遇到阻碍时，精英人物会通过个人层面的"做思想工作"这种极具中国特色的方式去加以规整。

三、激励方式之比较

自治需要能够对行业精英和会员形成有效激励去参与集体行动。奥尔森的集体行动理论认为，一个人只要不被排斥在分享由他人努力所带来的利益之外，就没有动力为共同的利益做贡献而只会选择做一个"搭便车者"。大集团由于存在搭便车等问题很难为集体物品（目标）采取一致的行动，而小集团可以通过有选择性的激励机制促进集团组织行为（奥尔森，2011）。奥斯特罗姆也认为，公共池塘资源的人数为 50～15000 人，人数的限制是为了保证相互监督，否则群体规模大会导致交易成本（相互监督、沟通等）过高而失去效力（埃莉诺·奥斯特罗姆，2012）。奥尔森虽然从经济学的范式来解释自治的激励方式，但他也指出经济激励不是唯一的激励，人们有时候还希望去获得声望、尊敬、友谊以及其他社会和心理目标等，这种社会激励会引导成员为获取集体物品而努力。而对于为行业自治提供初始成本的关键群体而言，他们会通过物质付出来获得社会声望等方面的回报，这也是一种社会激励方式。但总体而言，西方自治仍旧以理性人为基本预设，经济激励是最主要的激励方式。

对于温州民间行业组织的自治来说，合作行动所需的激励，与西方有区别。如前所述，温州民间行业组织不是单纯的经济意义上的合作组织，同时也是社会意义上的社会组织。尤其是在产业集群下，会员之间是互为联系的整体。在一个长期而反复的交易空间中，无论是过去抱团合作积累的经验所形成的路径依赖，还是对未来合作收益的期盼，都可能会对成员合作行为构成激励。而在产业集群下，行业内的龙头企业因为对集群中的中小企业形成高度依赖，因此龙头企业老总也有极大的动力去促进行业内的合作行动。温州案例中的自治的激励方式，从笔者对行业组织负责人的访谈看似乎是在抱团生存下社会激励发挥着重要作用，但根本性的激励方式还是经济激励。因为在社会关系与经济活动相互嵌入所形成的封闭网络中，网络内成员为了长远利益和整体利益可以为眼前利益和个人利益做出牺牲，但只要这个封闭网络存在，成员不退出网络，这种牺牲的利益迟早总会得到补偿和回报。

当然，本研究以中国温州为案例与西方进行的比较，并不能用于推论。因为温州是中国非常独特的一个地方，它并不能代表中国。尽管如此，这种比较仍旧是有意义的。因为本书的研究主题是行业共同体视角下的行业自治，这种治理得以实施的前提条件是独立自主的行业组织。在西方发达的市场经济下，行业组织一般都比较发达且具有较高程度的独立自治性，行业自治的制度化程度也较高。但是当代中国经济并不是西方意义上的自由市场经济而是具有鲜明的政治经济特色。中国的行业组织仍有相当一部分并不是内生于自发的市场而是体制转型的产物，这类行业组织近年来虽然在朝民间化、自主性、独立性等方向进行改革，但改革并不彻底。在中国行业组织中最能够接近西方行业组织的，当属于温州民间商会。温州民间商会是在自发的民营经济和市场经济下形成，虽然这种经济深深嵌入温州人的网络中，但是在这种经济之上生成的行业组织具有相对体制转型的行业组织更多的独立性、民间性和自主性。从这个意义上说，在行业共同体视角下将温州与西方行业自治进行比较是合适的。在比较研究中发现中西方自治的相同与不同进而探讨这种相同与不同背后的内在机理，既具有学术对话意义，同时对于中国行业自治以及其他领域的自治，又具有现实的参照价值。

第二节　体制内生的行业组织改革与自治困境

一、市场化进程中的中国行业组织改革

作为行业自治载体的行业共同体是在"同乡同业"基础上自发生成，它具有经济与社会互嵌的深深烙印。这种体制外生成的行业共同体较少具有现代组织的性质，它本质上是一种类似共同体的非正式的社会网络，这种非正式网络与当今中国市场的发展具有某种选择性适应。由于中国的市场不是建立在信用、法治等基础上的现代市场，市场交易活动很多在关系网络内进行（汪和建，2013；罗家德，2011），从而使得社会网络或圈子性质的行业共同体与信息、资源不能在全社会自由流动的非现代市场或者说分割性市场形成内在的高度契合。在现代成熟的市场经济中，市场的治理除了政府监管之外，还需要通过行业组织以行业自律的方式来实施自治。尤其是随着 20 世纪 90 年代中国市场经济的启动，以信用、契约、产权、法治等为主要特征的现代市场经济对以行业共同体为载体的行业自治形成了内在需求，培育行业共同体迫在眉睫。当今中国一方面在积极培育适应市场经济发展需要的行业组织，比如说近年来的社会组织改革中，已经明确表示要对包括行业协会商会在内的一些社会组织的"双重管理"体制进行改革，将行业组织管理权限进一步下放。另一方面，也在对原有的体制内生成的行业组织尤其是"国字号"行业组织进行改革。这一类具有政府背景的行业组织已经进行了多年的"去行政化"改革，目前仍旧处在民间化、自主化、独立化的改革进程中。政府推动这类行业组织改革的动机之一，是希望它们能够承接政府转移出去的行业管理等职能，更好地发挥其在市场治理中的主体性作用，这种主体性作用就是行业自治或行业自律。

在今天中国的市场化进程中，政府逐渐将包括行业管理在内的诸多事务逐渐转移给市场与社会，作为同时兼有市场中介组织与社会组织特征的行业协会商会，成为近几年中国社会领域改革的重点和重要突破口。正如有研究所指出的，中国政府对社会组织具有双重需求，即资源获得需求和社会控制

需求，对那些与政府自身具有高度利益契合的社会组织如行业组织，政府一般是大力支持与扶持（江华等，2011）。就行业组织而言，它与政府之间的利益契合就体现在行业组织通过行业自治（主要是行业自律）来承接政府转移出来的行业管理和行业服务等职能。目前行业组织改革的重心主要偏向行业组织诚信自律建设和行业组织"去行政化"改革等方面。

比如说 2014 年 10 月 31 日，民政部、中央编办等八部门联合发布《关于推进行业协会商会诚信自律建设工作的意见》，提出从健全行业自律规约、制定行业职业道德准则、规范行业发展秩序三个方面推动行业协会商会建立健全行业自律机制。该文件中提出了诸多有关诚信自律建设的许多措施，如信息公开、诚信承诺、宣传教育、职业道德建设等，这些措施大部分都与本书的研究主题行业信用相关。有关行业组织改革的另外一个趋势，就是"去行政化"或者说与行政机关"脱钩"。例如，2015 年 7 月 8 日，中共中央办公厅、国务院办公厅印发《行业协会商会与行政机关脱钩总体方案》，该方案的主旨是推进行业组织的独立性与自主性，使其真正成为依法自治的现代社会组织，以便充分发挥在市场治理中的职能。按照方案要求，各地区各部门结合实际认真贯彻执行。该方案规定，"行政机关不得推荐、安排在职和退（离）休公务员到行业协会商会任职兼职。现职和不担任现职但未办理退（离）休手续的党政领导干部及在职工作人员，不得在行业协会商会兼任职务。领导干部退（离）休后三年内一般不得到行业协会商会兼职，个别确属工作特殊需要兼职的，应当按照干部管理权限审批；退（离）休三年后到行业协会商会兼职，须按干部管理权限审批或备案后方可兼职"。这种严格的限制一方面可能是出于国家公务员廉政建设的需要，另一方面显然也是为了推进行业组织的"去行政化"，以便其更好地发挥在市场自治中的作用。

但是行业组织"去行政化"就能增强其自治能力吗？或者说二者之间有因果关联吗？从本书对温州个案的研究来看，无论是温州地方政府还是民间商会都没有一味地执行上级政策，而是根据本地实际加以变通。比如说之前温州地方政府对于民间商会主动聘请退休公务人员去行业组织任职的，并没有强行干预。如温州市 Q 行业协会、温州市 X 行业协会都普遍聘用已经卸任的政府官员为秘书长。从笔者在温州的实地调研来看，温州民间商会对地方政府一定程度的"政治嵌入"而不是与行政机关脱钩，可能会更有利于其获取自治所需要的资源。① 本研究由此认为，"去行政化"改革未必一定会促进行业组织的自治，至少对温州民间商会类行业组织来说是如此。

二、体制内生的行业组织自治的困境

在当代中国，体制内生的行业组织主要以"国字号"行业组织为代表，这类行业组织与市场内生的以温州民间商会为典型的行业组织具有很大的差异。具体而言，从会员的所有制成分来看，体制内生的行业组织会员大部分是国有企业，这使得国字号行业组织的会员企业因为政府发挥着实质性的信用兜底而缺乏自我约束的强烈动机。而市场内生的民间商会的会员几乎完全是产权明晰的民营企业，从理论上说，作为自主经营、自负盈亏的市场主体，越是信息对称的市场其自我约束的动机就越强烈。其次，从成员的来源范围和活动空间看，按照国家现有的对社会组织的管理制度，社会组织一般不能跨地域活动。比如，省级的社会组织其会员来源和活动空间一般局限于省内，国家级的社会组织其会员来源和活动空间可以遍及全国。在中国，体制内生的行业组织大都是省级和国家级，会员在空间上的分布较广。而市场内生的民间商会的会员来源和活动范围较小，主要局限在地市级、县级甚至乡镇级。这类行业组织成员在狭小的地理空间中，更容易形成更为紧密的社会联系。比如说温州境内的一些民间商会会员不仅主要局限于温州市，而且很多民间商会的会员聚集在某一片狭小的地域，这便于成员相互之间的沟通与联系。与此形成对照的是，"国字号"行业组织会员在地理空间上的分散可能使得它们之间难以形成紧密的社会关系，从而使得共同体的动员和集体行动难以形成。以 2008 年的中国奶制品"三聚氰胺"污染事件为例。此事由位于石家庄的三鹿奶粉公司引起，经媒体曝光后中国国家质检总局对国内其他大型乳制品厂家生产的婴幼儿奶粉进行了检验，最后检验报告显示，包括伊利、蒙牛、光明、圣元、雅士利等在内的多个知名品牌厂家的奶粉都检出三聚氰

---

① 之前，一些曾经在政府部门工作的人员，因为对政府部门相关政策和制度的运作较为熟悉，同时又分管过某个行业的业务工作，其实是行业组织发展和运作最需要的人才，符合这些条件的人才在人力市场中很难招聘。温州人的务实精神使得他们根据本地实际在政策上加以创新，行业组织会主动聘请这类退休公务人员入职——笔者注。

胺。这次事件固然有中国乳业监管制度缺陷等方面的原因，但作为对中国乳业实施行业管理的两个最大的"国字号"行业组织——中国乳制品工业协会和中国奶业协会未能对成员实施有力的行业信用约束也是其中重要原因。再以中国家用纺织品行业协会（简称中国家纺协会）为例。2013年9月15日央视播出的《每周质量报告》称，北京市消费者协会日前组织了一次专门针对床上用品的比较试验：工作人员从北京的批发市场、商场及超市里，随机购买了41种样品，涉及北京、浙江等8个省市共40家企业。试验结果显示，41个测试样品中有26个样品质量指标不符合国家标准要求，不合格率高达63.4%。此新闻媒体报道引起中国家纺协会的高度重视。为挽回行业声誉，中国家纺协会提出以下治理举措："一是引导行业企业严格按标准组织生产，规范行业竞争。通过行业自律，发挥龙头企业带头示范作用，鼓励企业从保护消费者权益角度出发，建立高于国家标准的企业标准，让消费者'睡得放心'。二是加强家纺产品标准的宣贯工作，让企业了解标准、关注标准、重视标准、践行标准，用标准的武器为产品质量保驾护航。三是将从供应链管理的角度为行业上下游搭建平台，通过充分沟通、交流，做好上下游质量管理及过程控制，提升产品质量水平，确保家纺产品的健康安全，促进行业健康发展"。① 中国家纺行业的产品质量问题在当今中国众多行业信用问题中并不属于特例，而家纺协会应对媒体时做出的承诺，也已经成为许多行业协会程式化的应对方式。下文将在前文关于中国行业自治的理论分析框架下，以体制内生和市场内生的两类行业组织治理作为比较（见表7.1）来阐释为什么体制内生成的"国字号"行业组织难以发挥对会员的约束或者说难以实施行业自治。

表7.1 两类典型的行业组织治理比较

自治要素与机制	行业组织类别	
	市场内生 行业组织	体制内生 行业组织
成员利益关联度	高	低

---

① 参见中国行业协会商会网，http://www.fctacc.org/64252.html，2013年9月26日。

续表

经济与社会的互嵌性	高	低
社会网特征	内聚性和整体性强	内聚性、整体性弱
声誉机制	有效	失灵
权威机制	有效	失灵
信任机制	有效	失灵
信息	对称	不对称
关键群体	容易形成	难以形成

资料来源：作者自制。

在表7.1中，本书将自治的要素和机制提炼为成员利益关联度、经济与社会的互嵌性、社会网特征、声誉机制、权威机制、信任机制、信息、关键群体等几个方面。从成员之间的利益关联度看，对于以民营企业为会员、市场内生的民间行业组织而言，会员企业之间的利益相关性程度一般比体制内生的行业组织高，尤其是温州民间商会类行业组织，大都建立在产业链和产业集群基础上，会员企业之间形成一种整体性的抱团生存方式。会员之间的这种高利益相关性又和经济与社会的互相嵌入相关。在长期性的经济交易与社会交往中，会员不仅形成高度的信任关系，同时也容易形成内聚性高的社会网。封闭性网络中信息的公开透明，有助于声誉机制发挥非正式的约束力。更为重要的是，在封闭的小圈子中，由能人组成的关键群体能够为共同体的形成和集体行动提供启动成本。关键群体之所以愿意为共同体的形成和集体行动提供启动成本，一方面是因为关键群体中的龙头企业在行业中的占比更大，加强行业治理所获得的收益也相对更高，因而这种付出也是一种经济上的理性行为。另一方面，是因为这种付出能够得到社会声誉和声望上的回报，能够得到会员的认同（罗家德、孙瑜等，2013）。越是在封闭的小圈子中，社会声誉性质的社会性回报越有意义。

而体制内生的行业组织尤其是"国字号"行业组织，几乎不具备自治所需要的上述要素和机制。这类行业组织由于会员的跨地域甚至跨体制，会员之间难以具有地方性民间行业组织那样的高度关联性和整体抱团，由此使得"国字号"行业组织形成余晖所说的行业组织"空心化"趋势（余晖，2003：

163

85）。虽然余晖是从地方性行业协会独立于全国性行业协会角度来解释"空心化"这个概念的，但本研究认为也可以将这种"空心化"视为由于行业组织会员之间缺乏紧密联结而导致。由于组织内部成员之间缺乏紧密横向联系而不具备网络性质，"国字号"行业组织顶多是一个松散的联合体而不是内聚的社会经济网络，它无法形成内聚性的网络，会员之间亦难以形成相互信任。而成员的跨地域等因素使得相互之间缺乏经常性的面对面互动，导致信息不对称，这些都使得声誉机制难以发挥约束力。若行业中的能人（尤其是会长）没有对行业发展倾注心血的奉献精神，这类组织将很难获得会员的认同和信任，组织的权威亦难以树立。另外，自治所需要的关键群体，在"国字号"行业组织中亦难以形成。例如，某全国性纺织类协会会长具有政治能人身份，副会长基本都是经济能人，能人的不重合会降低网络的中心性或整体性，使得协会中因为不同的小圈子而导致在集体行动上难以达成一致。再加上会员企业之间产业趋同性高，在纺织品出口缩减、产能过剩问题日趋严峻的情况下，会员相互之间的恶性竞争更为激烈，不仅行业中的精英很难构建一个具有动员能力的关键群体来对业内的违规失信行为进行集体抵制和约束，而且普通的会员企业之间也因为对有限市场利润的争夺、相互之间的信息不对称以及社会关系的松弛等原因而难以合作。

第三节　结　论

本书的研究结论主要建立在以下三个层面的比较研究之上：一是中国传统社会和当代社会行业自治的历时性比较；二是中国与西方自治的共时态比较；三是市场内生行业组织与体制内生行业组织治理的比较。下文将分别对这三层次的比较研究加以小结，在此基础上概括本研究的最终结论。

在中国传统社会行业自治中，以徽商、晋商、宁波商帮为代表的商人群体在"同乡同业"的经营方式基础上自发形成了商人行会、商人会馆、同业公会一类的行业共同体。而在当代中国温州地区，民间商会类的行业共同体也是通过"一乡一品""一镇一业"这种类似"同乡同业"的经营方式得以形成。行业内的这种自发组织得以生成的一个前提条件是存在自生自发、自由竞争的市场。而这种自发市场的生成，就中国传统社会而言，主要得益于国家政权一般视工商业活动为末业和"民间细故"，因而并未对其给予重视和直接干预，从而为市场的自由竞争提供了可能。而在当代温州，地方政府对于境内私营经济的发展持宽容、暗中保护甚至支持态度，从而为自由竞争市场的形成创造了有利的外部环境。从传统社会到当代社会历时性比较中还不难发现，行业共同体都是在自由市场下因经济行为与社会网络的相互嵌入而形成，这种共同体不是正式组织意义上的社会组织而是非正式的关系网络。在这种非正式和封闭性的关系网络中，同业从业者得以依凭声誉、连带责任、跨地缘链合、信任、人际关系等非正式力量和机制来相互约束。

从中西方自治的比较来看，二者在以下两个方面具有共性。一是自治所依托的自我组织都努力寻求外部力量的保护。例如，在奥斯特罗姆的自组织理论框架中她提出了三个层次规则（宪法规则、集体选择规则和操作规则）相互嵌套的观点。她指出在这三个不同层次的规则中，低层次的行动规则的变更是在高一层次规则中发生，规则层次越高，其变更的难度和成本也更高，但也因此提高了根据规则行事的个人之间相互预期的稳定性（埃莉诺·奥斯特罗姆，2012）。正因为如此，西方的自组织一般都努力寻求自组织的法律合法性来使自组织获得更高层次规则的保护。而在中国本土案例中，民间行业组织也在努力寻求更高层次规则的保护。与西方自组织寻求更高的法治化程度不同，中国本土案例中的行业共同体主要寻求地方行政力量的保护，具体而言就是以各种"政治嵌入"为行业组织赋权。以温州为例，作为中国市场经济改革和行业协会改革的试验田，温州被中央政府赋予了在上述领域改革中较大的灵活处置权。比如说1997年温州被列为中国行业协会改革的四个试点城市之一后，于1999年就颁布中国第一部行业协会管理的地方法规，同时对于温州市服装商会、温州烟具协会等行业组织的自主维权以地方政府"红头文件"形式加以确认并提供必要的行政力量的支持。地方政府颁布的地方性政策为民间商会树立组织内部权威和实施自治提供了有力的支持。自治并非完全排斥外部力量，对行政力量的借用或者说一定程度上的政治嵌入有助于行业共同体实现自治目标。中西方自治的第二个共性，是二者都在封闭性网络下借助于非制度化的声誉机制、互惠机制和信任机制等来实施。在中国本土社会尤其是经济活动中这种非制度因素的存在不难理解。诚如李培林所说，中国历史上具有工商精神的区域一直存在着市场活动嵌入其中的非正式的社会网络，这种传统的社会网络成为新的经济活动扩展和运行的依托，而经济活动本身具有的扩张性又使得这些非正式制度到处传播（李培林，2013）。而在法治化程度和市场经济发育程度均较高的西方，非正式制度也在现代市场活动中仍扮演着不可缺少的角色。可以由此初步推断，非制度化和制度化并不能成为判断市场化的依据，自治所倚赖的非制度化因素与市场活动之间实际上具有内在的共生关系。

从市场内生与体制内生两类行业组织治理的比较来看，行业自治的实施需要具备特定的前提、要素和治理机制。这些特定的前提条件一是企业要具有独立产权，在自由竞争市场中这种独立产权对企业因为守信而获得剩余索取权会构成内在的激励。二是会员企业之间在市场交易中不仅仅是纯粹的经济交易关系而且也深深嵌入在地方性的社会关系网络之中，进而形成内部紧密联结的社会网络，成员之间形成无法退出的捆绑关系。从上述两类行业组织治理效果的比较可以发现，自治必备以下三个要素：利益共生、信息对称和信任。市场内生的民间行业组织的成员因为经济与社会的深深嵌入，相互之间在产业集群和产业链下形成了紧密的利益共生关系。它们对地方社会的深深扎根构成了一个封闭性网络，这种网络内的信息是充分对称的。而体制内生的行业组织中会员之间很难有利益共生关系，相互之间的关系网络较为松弛，会员在地域上的分散也使得相互间信息不对称。对于自治所需要的信任，市场内生的民间行业组织中会员之间的信任一方面由封闭性网络来确保，另一方面来自共同体中的精英提供的第三方信任和人格信任。这种信任在体制内生的行业组织中则难以形成。在上述两个前提条件和三个基本要素下，市场内生的行业组织可以依靠水平式的关系网络力量而非垂直式的权力机制来实施行业信用的自治，这种治理机制主要是声誉机制、信任机制、互惠机制和关键群体机制等。体制内生的行业组织因为难以具备上述前提条件和治理要素，在实施行业自治上作为不大。

综合以上的比较，本书将最终结论归纳为以下三点：

第一，行业自治作为同行从业者依靠内部力量实施自我约束的一种非正式治理方式，它是在自由竞争的市场环境下发生的。在中国传统社会，国家政权对微观工商业活动不直接干预，为市场自由竞争以及行业内部的自我约束创造了有利的外部环境。而在当代温州，地方政府通过为企业"戴红帽"等方式保护民营企业的独立产权，从而为自由竞争市场和行业内部的力量培育创造了条件。也就是说，若没有独立自主的市场经营主体和自由竞争的市场，行业自治便难以谈起。当然，行业自治作为一种行业内部的自我约束，并不是完全排斥外部权威，而是需要对外部权威一定程度上的借用。在温州行业共同体实施的行业自治中，一些民间商会如温州烟具协会自己制定了对违规行为的强制性措施，比如说对于仿冒他人产品的企业处以没收生产模具和罚款等处罚，但烟具协会并没有行政执法权，因而遭到违规企业的抵制。后来在地方政府的行政和媒体等力量介入下，这些规则逐渐地被会员接受。正如奥斯特罗姆在谈及公共池塘资源自治的规则制定中可能遇到的困难时所指出的，"如果外部权威能为可靠信息的获取提供便利，能帮助建立长期的契约关系及配合内部力量共同形成强有力的规则执行机制，那么这些困难是可以被克服的"（奥斯特罗姆等，2010：364）。

第二，行业共同体是在"同乡同业"的经营方式和传统下形成，它并非纯粹意义上的业缘组织而是带有业缘和地缘共生的特质。由于在"同乡同业"经营活动中"同业"往往由"同乡"引起，后者对前者更具有根本性作用，因此可以认为行业共同体在本质上更接近地缘基础上的非正式关系网络而不是业缘基础上的正式社会组织。行业共同体的这种非正式关系网络特性，突出表现在温州民间商会中的内部约定上。笔者在温州的实地访谈中得知，温州很多民间商会有不成文的内部约定，比如说行业精英构成的小群体（一般以会长和众多副会长为主）经常需要在一起碰头商讨行业事务，无故不参加定期或临时举行的碰头会，缺席者要自费掏腰包宴请其他出席者以示惩罚。这种不成文约定的社会性意义在于，对以内部抱团而著称的温州商人群体而言，小圈子是重要的自我保护机制，经常缺席者容易被圈子隔离。而对于行业自治而言，经常性的非正式碰头会是交流信息、加深情感、增进信任的重要渠道，它有助于增强共同体中关键群体的内聚力。正如有学者所说的，在中国人的正式组织活动尤其是公开会议中，表面上很容易通过和达成一致的决议，而这背后常常需要做很多的功课（罗家德，2011）。笔者以为，包括非正式碰头会在内的活动正是背后的功课之一，由此也能解释体制内生的"国字号"行业组织自治的困境。由于"国字号"行业组织的成员之间缺乏先天的亲缘纽带，同时也缺乏这种经常性的非正式互动，使得会员之间的信息交流、信任与情感建立等受到影响。这类组织中会员之间的主要联结纽带，主要是按照章程规定每几年举行一次的换届选举或者一年一度的年会等，这种联结方式对于关键群体的内聚力和会员之间的凝聚力的形成难以构成实质性意义。对于行业共同体而言，正是频繁的非正式互动赋予了该类组织色彩鲜明的关系网络性质。

第三，在以行业共同体为实施载体的行业自治中，为了约束成员行为、协调彼此之间的行动，行业共同体一般都会建立正式的规章制度，但是这些制度文本在实践中不一定得到有效执行，或者说这些制度往往备而不用，诸如私人关系、社会声誉、舆论道德、脸面等非正式的力量在自治中往往更能发挥约束作用。以正式制度为例，体制内生的行业组织比市场内生的行业组织不仅在制度上更为完备，而且还往往得到更有力的外部权威的支持，比如说作为政治背书的国家领导人的题词和公开讲话、组织领导人原先的官员身份背景等。但是这种规整的制度和外部权威并不一定能够为这类组织在行业自治上提供有力的支持，这可以从当今中国众多"国字号"行业组织在行业自治上的失灵得到反映。因此，在由行业共同体实施的行业自治，主要是指向地方性的、以民营企业为会员的民间性行业组织，这类组织在行业自治中不是依靠正式制度力量而是非正式力量来实施。关于组织中的这种非正式或非制度化治理现象，学术界已经有诸多的相关研究，比如说周雪光指出，组织不是依靠硬性的组织结构而是靠非正式的规范来约束人们行为，正式的组织结构是为了适应制度环境，即满足合法性的需求，非正式规范才是实际的机制（周雪光，2003：77）。李培林则认为，在中国具有深厚工商文明的区域，非正式规范往往也异常发达，这种非正式规范更具有本源性（李培林，2013）。对于行业自治中对非正式制度的倚赖现象，本书试图给予以下的解释。即行业共同体本身是一种自发组织，它在实施行业治理的初期一般也没有规整的正式规章制度，正式制度是在后来的行业治理实践中逐渐形成。从制度起源来说，正式制度一般起源于非正式规范，而在非正式规范制度化过程中，可能并没有将制度规定得过死而是留有进行人为变通的空间。另外，从建构性视角看，制度虽然对行动者具有强制性约束，但它本身是行动者建构的产物，或者用一句更为通俗的话语来表达，就是制度是死的，人是活的。制度的建构性使得制度的制定者尤其是执行者会根据具体的情境而不是死板地依据制度文本来执行制度。以上原因使得作为社会建构产物的制度在运行中深深地印上了人为因素的烙印，因而呈现出非正式规范对正式制度的替代现象。

最后需要交代的是，本书在研究中运用了历时性的比较研究方法，在中国传统社会与当代社会行业自治的比较研究中，本书将传统社会的商帮、商人会馆、商人行会和近代的同业公会、当代温州民间商会等都纳入行业共同体概念中加以分析，这些群体和组织有的是地缘性的同乡组织，有的是业缘性的同业组织，更多的是业缘和地缘相互重合的组织，本研究未对这些差别加以条分缕析。此外，正如本书在第一章第二节介绍研究方法时所说明的，本研究还存在削足适履和样本代表性等问题。比如说在传统社会行业自治研究部分，以近代的汉口和上海等城市为例，以徽商、晋商、宁波商帮为研究对象；在温州的个案研究中，选择的几个民间行业组织未经过概率抽样而是根据研究的便利，这种主观性的处理都可能影响本研究结论的客观性。尤其是在温州个案研究中，选择的个案具有典型意义但不具有代表性。学术界一般认为，个案研究难以解决两大难题，一是从特殊性走向普遍性，二是从微观走向宏观，本研究亦难以解决以上两大难题。本书认为，由于作为社会学研究对象的社会事实和社会现象是极其复杂的，没有任何一种研究方式和方法敢宣称自己完美无缺而或多或少存在研究上的薄弱和盲区，个案研究亦如此。本研究选择温州作为个案并不是随意的，甚至从选题的可行性和合适性等标准来看，研究者作为非温州人并不具备研究的合适性条件，但就本书的研究主题而言，选择温州为个案非常切合，它有助于解答本研究提出的中国行业自治何以可能这个问题。正如社会学者张静在选择企业职代会个案研究时所指出的，"这个个案材料虽然只来自一个企业职代会，但是我认为，它可以在一定程度上显示，中国城市社会利益组织化结构的独特性"（张静，2001：199）。本书对温州个案的选择亦是出于类似的考虑。从方法论上说，代表性问题针对定量研究用于结论推广而言是有意义的，但对于个案研究而言，由于其目的主要不是用于推广而是理论建构，因此本研究中存在的个案代表性问题不会从根本上削弱研究的价值。诚然，中国地域辽阔，各地方在经济社会发展和地域文化等方面差异极大，因此在行业自治上亦存在差异。本研究中的温州个案更多的是作为对中国行业自治研究的一种探索和参照，笔者希望未来有更多的地方案例和实证研究来将本研究向前推进。

参考文献

一、中文文献（含译著）

[1]［美］奥尔森：《集体行动的逻辑》，陈郁等译，格致出版社、上海人民出版社 2011 年版。

[2]［美］埃莉诺·奥斯特罗姆：《公共事物的治理之道：集体行动制度的演进》，余逊达、陈旭东译，上海译文出版社 2012 年版。

[3]［美］埃莉诺·奥斯特罗姆等著：《规则、博弈与公共池塘资源》，王巧玲、任睿译，陕西人民出版社 2010 年版。

[4] 鲍杰等：《论近代宁波帮》，宁波出版社 1996 年版。

[5] 包亚明：《现代性与空间的生产》，上海教育出版社 2002 年版。

[6] 边燕杰：《市场转型与社会分层：美国社会学者分析中国》，生活·读书·新知三联书店 2002 年版。

[7]［美］查尔斯·蒂利：《信任与统治》，胡位均译，上海人民出版社 2010 年版。

[8] 曹正汉：《中国上下分治的治理体制及其稳定机制》，载《社会学研究》2011 年第 1 期。

[9] 陈剩勇、汪锦军、马斌：《组织化、自主治理与民主：浙江温州民间商会研究》，中国社会科学出版社 2004 年版。

[10] 陈剩勇、马斌：《温州民间商会：一个制度分析学的视角》，载《浙江大学学报（人文社会科学版）》2003 年第 3 期。

[11] 陈剩勇、马斌：《温州民间商会：自主治理的制度分析——温州服

装商会的典型研究》，载《管理世界》2004 年第 12 期。

[12] 窦季良：《同乡组织之研究》，正中书局 1943 年版。

[13] 杜恂诚：《近代中国钱业习惯法：以上海钱业为视角》，上海财经大学出版社 2006 年版。

[14] 樊卫国：《民国上海同业公会处罚制度及其施行机制》，载《社会科学》2008 年第 10 期。

[15] ［德］斐迪南·滕尼斯：《共同体与社会——纯粹社会学的基本概念》，林荣远译，商务印书馆 1999 年版。

[16] 费孝通：《乡土中国 生育制度》，北京大学出版社 1998 年版。

[17] 费孝通：《中国士绅》，赵旭东、秦志杰译，生活·读书·新知三联书店 2009 年版。

[18] 冯巨章：《西方商会理论研究综述》，载《经济问题探索》2010 年第 2 期。

[19] 冯仕政：《西方社会运动理论研究》，中国人民大学出版社 2013 年版。

[20] 符平：《“嵌入性”：两种取向及其分歧》，载《社会学研究》2009 年第 5 期。

[21] 高丙中：《社会团体的合法性问题》，载《中国社会科学》2000 年第 2 期。

[22] 郭薇：《政府监管与行业自律：论行业协会在市场治理中的功能与实现条件》，中国社会科学出版社 2011 年版。

[23] 郭绪印：《老上海的同乡团体》，文汇出版社 2003 年版。

[24] ［美］韩格理：《中国社会与经济》，张维安等译，联经出版事业公司 1990 年版。

[25] 汉语大词典编写组：《汉语大词典》，汉语大词典出版社 2001 年版。

[26] 亨利·皮雷纳：《中世纪的城市》，陈国梁译，商务印书馆 2007 年版。

[27] 胡宏伟：《中国模范生：浙江改革开放 30 年全记录》，浙江人民出版社 2008 年版。

[28] 胡建树：《产业集群推动行业协会兴起：温州的经验》，载《浙江

经济》2006 年第 21 期。

[29]［美］霍贝尔：《初民的法律——法的动态比较研究》，周勇译，中国社会科学出版社 1993 年版。

[30] 黄冬娅：《企业家如何影响地方政策过程——基于国家中心的案例分析和类型建构》，载《社会学研究》2013 年第 5 期。

[31] 黄少卿、余晖：《民间商会的集体行动机制——对温州烟具协会应对欧盟打火机反倾销诉讼的案例分析》，载《经济社会体制比较》2005 年第 4 期。

[32] 黄浙苏主编：《会馆与地域文化：2013 中国会馆保护与发展（宁波）论坛论文集》，文物出版社 2014 年版。

[33] 黄宗智：《集权的简约治理——中国以准官员和纠纷解决为主的半正式基层行政》，见黄宗智：《中国乡村研究（第五辑)》，福建教育出版社 2007 年版。

[34] 黄中伟，王宇露：《关于经济行为的社会嵌入理论研究述评》，载《外国经济与管理》2007 年第 12 期。

[35] 江华、张建民、周莹：《利益契合：转型期中国国家与社会关系的一个分析框架——以行业组织政策参与为案例》，载《社会学研究》2011 年第 3 期。

[36]［美］詹姆斯·科尔曼：《社会理论的基础（上)》，邓方译，社会科学文献出版社 2008 年版。

[37] 兰建平、苗文斌：《嵌入性理论研究综述》，载《技术经济》2009 年第 1 期。

[38] 黎军：《试论行业组织管理权力的来源》，载《当代法学》2002 年第 7 期。

[39] 李柏槐：《现代性制度外衣下的传统组织——民国时期成都工商同业公会研究》，四川大学出版社 2006 年版。

[40] 李林艳：《交易秩序的多重面向——寻访新经济社会学》，载《社会学研究》2005 年第 2 期。

[41] 李林艳：《社会空间的另一种想象——社会网络分析的结构视野》，载《社会学研究》2004 年第 3 期。

［42］李建平、石淑华：《试析"诚信"与"信用"的联系与区别——再论信用本质上是一个经济问题》，载《东南学术》2004 年第 1 期。

［43］李瑊：《上海的宁波人》，上海人民出版社 2000 年版。

［44］李培林：《生活和文本中的社会学》，生活·读书·新知三联书店 2013 年版。

［45］李荣荣：《作为礼物的现代公益——由某公益组织的乡土实践引起的思考》，载《社会学研究》2015 年第 4 期。

［46］李学兰：《中国商人团体习惯法研究》，中国社会科学出版社 2010 年版。

［47］李友梅等：《社会认同：一种结构视野的分析：以美、德、日三国为例》，上海人民出版社 2007 年版。

［48］李智超、罗家德：《中国人的社会行为与关系网络特质——一个社会网的观点》，载《社会科学战线》2012 年第 1 期。

［49］梁漱溟：《中国文化要义》，上海人民出版社 2005 年版。

［50］林树建：《宁波商人》，福建人民出版社 1998 年版。

［51］刘芬华：《行业自律制度的发源与效率：一般逻辑及在中国银行业的推演》，载《当代财经》2007 年第 12 期。

［52］刘建生等：《晋商信用制度及其变迁研究》，山西经济出版社 1996 年版。

［53］刘秋根、［英］马德斌主编：《中国工商业、金融史的传统与变迁——十至二十世纪中国工商业、金融史国际学术研讨会论文集》，河北大学出版社 2008 年版。

［54］刘世定：《私有财产运用中的组织权与政府介入——政府与商会关系的一个案例分析》，见周雪光、刘世定、折晓叶主编：《国家建设与政府行为》，中国社会科学出版社 2012 年版。

［55］刘玉能等：《民间组织与治理：案例研究》，社会科学文献出版社 2012 年版。

［56］刘张君：《金融管制放松条件下的银行业自律研究》，中国金融出版社 2009 年版。

［57］陆立军、王祖强：《专业市场：地方型市场的演进》，格致出版社、上海人民出版社 2008 年版。

［58］鲁篱：《论非法律惩罚——以行业协会为中心展开的研究》，载《河北大学学报（哲学社会科学版）》2004 年第 5 期。

［59］罗伯特·C. 埃里克森：《无需法律的秩序——邻人如何解决纠纷》，苏力译，中国政法大学出版社 2003 年版。

［60］罗家德：《中国商道：社会网与中国管理本质》，社会科学文献出版社 2011 年版。

［61］罗家德、侯贵松等：《中国商业行业协会自组织机制的案例研究——中西监督机制的差异》，载《管理学报》2013 年第 5 期。

［62］罗家德、李智超：《乡村社区自组织治理的信任机制初探——以一个村民经济合作组织为例》，载《管理世界》2012 年第 10 期。

［63］罗家德、孙瑜等：《自组织运作过程中的能人现象》，载《中国社会科学》2013 年第 10 期。

［64］〔美〕罗威廉：《汉口：一个中国城市的商业和社会（1796－1889）》，江溶、鲁西奇译，中国人民大学出版社 2005 年版。

［65］马斌、徐越倩：《民间商会的治理结构与运行机制——以温州民间商会自主治理为个案的研究》，载《理论与改革》2006 年第 1 期。

［66］马斌、徐越倩：《社区性产业集群与合作性激励的生成——对温州民间商会生发机制的社会经济学考察》，载《中国工业经济》2006 年第 7 期。

［67］迈克尔·A. 豪格、多米尼克·阿布拉姆斯：《社会认同过程》，高明华译，中国人民大学出版社 2011 年版。

［68］〔法〕米歇尔·福柯：《规训与惩罚》，刘北成、杨远婴译，生活·读书·新知三联书店 2007 年版。

［69］彭雨新、江溶：《十九世纪汉口商业行会的发展及其积极意义》，载《中国经济史研究》1994 年第 4 期。

［70］彭泽益：《中国工商行会史料集（上册）》，中华书局 1995 年版。

［71］齐守成：《都市里的"杂巴地儿"：中国传统闹市扫描》，辽宁人民出版社 2000 年版。

［72］〔美〕青木昌彦：《比较制度分析》，周黎安译，上海远东出版社 2001 年版。

［73］屠世超：《契约视角下的行业自治研究——基于政府与市场关系的展开》，经济科学出版社 2011 年版。

［74］石碧涛、张捷：《我国行业协会的精英治理问题研究——基于粤浙两地的经验数据》，载《经济体制改革》2011 年第 3 期。

［75］史晋川：《温州模式的历史制度分析——从人格化交易与非人格化交易视角的观察》，载《浙江社会科学》2004 年第 2 期。

［76］孙春苗：《论行业协会：中国行业协会失灵研究》，中国社会出版社 2010 年版。

［77］孙建国：《信用的嬗变：上海中国征信所研究》，中国社会科学出版社 2007 年版。

［78］孙建中：《诚信晋商》，山西古籍出版社 2006 年版。

［79］孙丽娟：《清代商业社会的规则与秩序》，中国社会科学出版社 2005 年版。

［80］石惠：《晋商信用制度的生成机理及实施方式》，山西大学硕士论文 2006 年版。

［81］田玉川：《正说明清第一商帮：晋商》，中国工人出版社 2007 年版。

［82］［法］涂尔干：《职业伦理与公民道德》，渠东、付德根译，上海人民出版社 2001 年版。

［83］汪和建：《自我行动的逻辑：当代中国人的市场实践》，北京大学出版社 2013 年版。

［84］汪莉：《行业协会自治权性质探析》，载《政法论坛》2010 年第 4 期。

［85］汪火根：《我国社会信用发展态势与体系建设》，载《重庆社会科学》2013 年第 7 期。

［86］王春光：《流动中的社会网络：温州人在巴黎和北京的行动方式》，载《社会学研究》2000 年第 3 期。

［87］王海光：《企业集群共生治理的模式及演进研究》，经济科学出版社 2009 年版。

［88］王建红、张娜：《论信用的构成要素及其经济特性——信用基础理

论研究系列之一》，载《商业时代》2012 年第 4 期。

[89] 王铭铭、王斯福：《乡土社会的秩序、公正与权威》，中国政法大学出版社 1997 年版。

[90] 王诗宗、何子英：《地方治理中的自主与镶嵌——从温州商会与政府的关系看》，载《马克思主义与现实》2008 年第 1 期。

[91] 王诗宗、宋程成：《独立抑或自主：中国社会组织特征问题重思》，载《中国社会科学》2013 年第 5 期。

[92] 王翔：《从云锦公所到铁机公会——近代苏州丝织业同业组织的嬗变》，载《近代史研究》2001 年第 3 期。

[93] 王俞现：《中国商帮 600 年》，中信出版社 2011 年版。

[94] ［德］韦伯：《经济行动与社会团体》，康乐、简惠美译，广西师范大学出版社 2004 年版。

[95] 魏文享：《中间组织——近代工商同业公会研究（1918 – 1949）》，华中师范大学出版社 2007 年版。

[96] 温州市产品质量管理办公室：《温州市质量立市资料汇编（1993 – 1997）》1998 年 1 月年版。

[97] 吴晶妹：《现代信用学》，中国金融出版社 2002 年版。

[98] 项飚：《跨越边界的社区——北京"浙江村"的生活史》，生活·读书·新知三联书店 2000 年版。

[99] 徐建牛、孙沛东：《行业协会：集群企业集体行动的组织基础——基于对温州烟具协会的案例分析》，载《浙江学刊》2009 年第 1 期。

[100] 徐曦、叶民强：《政府职能向行业协会转移的新制度经济学分析》，载《商业研究》2006 年第 16 期。

[101] 杨光飞：《从"关系合约"到"制度化合作"：民间商会内部合作机制的演进路径——以温州商会为例》，载《中国行政管理》2007 年第 8 期。

[102] 姚旭：《制度动力学视角下的行业信用体系法律建设研究》，载《社会科学辑刊》2010 年第 3 期。

[103] 叶正积：《温州人凭什么赢》，华艺出版社 2008 年版。

[104] 余晖：《行业协会及其在中国转型期的发展》，载《制度经济学研

究》2003 年第 1 期。

[105] 郁建兴等：《在参与中成长的中国公民社会：基于浙江温州商会的研究》，浙江大学出版社 2008 年版。

[106] 郁建兴、宋晓清：《商会组织治理的新分析框架及其应用》，载《中国行政管理》2009 年第 4 期。

[107] 余凌云：《行业协会的自律机制——以中国安全防范产品行业协会为个案研究》，载《清华法律评论》2007 年第二卷，第一辑。

[108] 袁岳、王欣、张守礼：《实地考察：北京外来人口共同体中的权威》，载《中国青年研究》1997 年第 4 期。

[109] 翟学伟：《诚信、信任与信用：概念的澄清与历史的演进》，载《江海学刊》2011 年第 5 期。

[110] 翟学伟：《中国人的关系原理》，北京大学出版社 2011 年版。

[111] 翟学伟：《中国人的脸面观》，北京大学出版社 2010 年版。

[112] 翟学伟：《关系研究的多重立场与理论重构》，载《江苏社会科学》2007 年第 3 期。

[113] 翟学伟：《人情、面子与权力的再生产——情理社会中的社会交换方式》，载《社会学研究》2004 年第 5 期。

[114] 翟学伟：《中国社会中的日常权威：关系与权力的历史社会学研究》，社会科学文献出版社 2004 年版。

[115] 翟学伟：《社会流动与关系信任——也论关系强度与农民工的求职策略》，载《社会学研究》2003 年第 1 期。

[116] 翟学伟：《中国社会中的日常权威：概念、个案及其分析》，载《浙江学刊》2002 年第 3 期。

[117] 张德胜：《儒家伦理与社会秩序——社会学的诠释》，上海人民出版社 2008 年版。

[118] 张海鹏、王廷元：《明清徽商资料选编》，黄山书社 1985 年版。

[119] 张江华：《卡里斯玛、公共性与中国社会有关"差序格局"的再思考》，载《社会》2010 年第 5 期。

[120] 张捷、徐林清等：《商会治理与市场经济：经济转型期中国产业中间组织研究》，经济科学出版社 2010 年版。

［121］张静：《利益组织化单位：企业职代会个案研究》，中国社会科学出版社 2001 年版。

［122］张军等：《转型、治理与中国私人企业的演进》，复旦大学出版社2006 年版。

［123］章平、李玉连：《共享资源治理模式创新的实现路径——集体行动的组织理论与实证分析》，载《经济评论》2008 年第 4 期。

［124］张守广：《宁波商帮史》，宁波出版社 2012 年版。

［125］张维迎：《产权、政府与信誉》，生活・读书・新知三联书店 2001 年版。

［126］张维迎、邓峰：《信息、激励与连带责任——对中国古代连坐、保甲制度的法和经济学解释》，载《中国社会科学》2003 年第 3 期。

［127］张文宏：《中国城市的阶层结构与社会网络》，上海人民出版社2006 年版。

［128］张渝：《清代中期重庆的商业规则与秩序：以巴县档案为中心的研究》，中国政法大学出版社 2010 年版。

［129］张振华：《当奥尔森遇上奥斯特罗姆：集体行动理论的演化与发展》，载《人文杂志》2013 年第 10 期。

［130］张正明等：《中国晋商研究》，人民出版社 2006 年版。

［131］赵保卿：《我国注册会计师行业自律监管模式研究》，经济科学出版社 2012 年版。

［132］周晓光、李琳琦：《徽商与经营文化》，上海世界图书出版公司1998 年版。

［133］周雪光：《关系产权：产权制度的一个社会学解释》，载《社会学研究》2005 年第 2 期。

［134］周雪光《组织社会学十讲》，社会科学文献出版社 2003 年版。

［135］朱英：《中国近代同业公会与当代行业协会》，中国人民大学出版社 2004 年版。

［136］朱丹、谷迎春：《中国式博弈：温州社会变革见证录》，浙江工商大学出版社 2008 年版。

［137］［日］滋贺秀三等；王亚新、梁治平编：《明清时期的民事审判与民间契约》，法律出版社 1998 年版。

二、外文文献

［1］ Gupta A K, Lad L J. Industry Self – Regulation: An Economic, Organizational, and Political Analysis. Academy of Management Review, 1983, 8 (3).

［2］ Garvin D A. Can Industry Self – Regulation Work. California Management Review, 1983 (25).

［3］ Michelson E. Lawyers, Political Embeddedness, and Institutional Continuity in China's Transition from Socialism. American Journal of Sociology, 2007, 113 (2): 352 – 414.

［4］ Mark G. Economic Action and Social Structure: The Problem of Embeddedness. American Journal of Sociological, 1985 (91): 481 – 510.

［5］ Granovetter M, Swedberg R. The Sociology of Economic Life. Boulder: Westview, 1992.

［6］ Greif A. Contract Enforceability and Economic Institution in Early Trade: The Maghribi Traders's Coalition. the American Economic Review, 1993, 83 (3).

［7］ Greif A , Milgrom P, Weingast B R. Coornination, Commitment, and Enforcement: The Case of the Merchant Guild. Journal of Political Economy, 1994, 102.

［8］ Priest M. The Privation of Regulation: Five Model of Self – Regulation. Ottawa Law Review, 1997 – 1998, 29.

［9］ Lenox M J. The Role of Private Decentralized Institutions in Sustaining Industry Self – Regulation. Organization Science, 2006, 17 (6).

［10］ Milgrom P, North D, Weingast B. The Role of Institutions in the Revival of Trade: The Law Merchant, Private Judges, and the Champagne Fairs. Economics and Politics, 1990 (2).

［11］ Oi J. The Evolution of Local State Corporatism. In Andew Walder (eds), Zouping in Transition: The Process of Reform in Rural North China. Cambridge Mass: Harvard University Press, 1998.

［12］ Olson M. The Logic of Collective Action: Public Goods and the Theory of Groups. Cambridge MA：Harvard University Press，1971.

[13] Oliver E P，Marwell G. The Paradox of Group Size in Collective Action：A Theory of the Critical Mass. II. American Sociological Review，1988，53：1 – 8.

[14] Oliver E P，Marwell G，Teixeira R. A Theory of the Critical Mass：I. Interdependence，Group Heterogeneity，and the Production of Collective Action. American Journal of Sociology，1985，91：522 – 556.

[15] Eijlander P. Possibilities and Constraints in the Use of Self – Regulation and Co – Regulation in Legislative Policy：Experiences in the Netherlands – Lessons to be Learned for the EU. Electronic Journal of Comparative Law，2005，9（1）.

[16] Polanyi K. The Great Transformation：The Political and Economic Origins of Our Time. Boston，MA：Beacon Press，1944.

[17] Portes A，Sensenbrenner J. Embeddedness and Immigration：Notes on the Social Determinants of Economic Action. American Sociological Review，1993，98（6）：1320 – 1350.

[18] Powell W W. Neither Market nor Hierarchy：Network Forms of Organization、Research in Organizational Behavior，1990（12）.

[19] Williamson O. The Mechanisms of Governance. Oxford University Press，1996.

[20] Zukin S，Dimaggio P. Structures of Capital：The Social Organization of Economy. Cambridge，MA：Cambridge University Press，1990.

三、网站

[1] 中国温州汽摩配网，http：//www. wzqmp. com/zjxh/xhjj/.

[2] 中国鞋都信息网，http：//www. shoeschina. cc/article_view. asp？carticleid = 10002769.

[3] 中国行业协会商会网，http：//www. fctacc. org/59630. html.

[4] 温州服装网，http：//www. wzfashion. org/index. php？m = content&c = index&a = show&catid = 9&id = 2659.

[5] 中国家纺协会官网，http：//www. hometex. org. cn/zjfxh/201208/t20120822_1377754. html.

附录 访谈大纲

一、对行业协会（商会）负责人的访谈大纲

（一）行业组织的成立及其运作

1. 能否介绍协会（商会）的成立情况？（提示：主要包括协会如何发起、资金来源等）。

2. 协会（商会）怎样才能吸纳更多的企业加入？

3. 行业协会（商会）会长（秘书长）的选任方式是怎样的？

4. 您认为会长（秘书长）需要哪些必备的任职条件？

5. 您为什么会竞选（正副）会长或秘书长？

6. 除了正式规章制度外，协会（商会）还有没有相互约定的不成文规则？（比如说对于无故缺席会议者的惩罚、对于业绩突出者的奖励等?）

（二）行业自治

1. 行业协会（商会）是否制定了章程和规章制度？若有，这些规章制度是怎样制定出来的？

2. 能否介绍协会会员对行业规章制度的遵守情况？对于违规者，协会一般会采取哪些方式去落实行规？

3. 对行业内违规行为进行惩罚时，有没有借用行政、法院等强制性力量？

4. 会长和秘书长在规则执行中有没有发挥作用，若有，他们起着怎样的作用？

5. 您认为协会（商会）在会员心目中有威信吗？若有，您觉得这个威信是怎么来的？若没有，您认为怎样才能树立协会（商会）的威信？

6. 在行业内部维权、纠纷调解等行业自律中，协会（商会）发挥的作用与政府发挥的作用有什么区别？会员企业更信任协会（商会）还是更信任政府？

（三）行业协会（商会）诚信自律建设试点情况

1. 当初为什么会申请作为行业协会诚信自律建设的试点单位？

2. 在行业协会（商会）诚信自律建设中，协会（商会）主要做了哪些工作？

3. 由协会（商会）牵头进行行业诚信自律建设，面临哪些难题？

4. 简要介绍一下行业协会（商会）诚信自律建设试点一年来的实施效果。

二、对会员企业主的访谈大纲

1. 简单介绍一下您加入协会（商会）的原因或动机。

2. 您所在的协会（商会）制定了行业规章制度吗？（若有，则继续回答）您觉得这个规章制度对会员有约束力吗？请解释一下规章制度在什么情况下能够发挥约束力？

3. 对于行业内的纠纷，一般是由协会（商会）出面调解还是政府或者法院等来调解？

4. 协会（商会）有关行业纠纷的调解或裁决，是否严格按照规章制度来执行？

5. 协会（商会）有关行业纠纷的调解或裁决，您是否服从？能否解释自己服从或不服从的理由？

6. 您认为协会（商会）会长或秘书长对于行业自律起着怎样的作用？

后　记

南京大学是我仰慕已久的国内著名学府，而南京大学社会学院更是国内社会学研究的重镇，能够在社会学院攻读博士学位是我的荣幸。在南大攻读社会学博士学位的这六年间，以下老师、同门、友人等对我的帮助将让我永远铭记，在此谨表达我诚挚的谢意。

首先要感谢我的导师翟学伟教授。翟老师是我非常敬仰的学者，能够在翟老师门下攻读博士学位，算是圆了我多年的一个梦。但由于我大学和硕士学习阶段一直读的是历史学专业，没有经过社会学专业的训练，因此对自己能否完成一篇社会学的博士论文缺乏信心。承蒙翟老师之不弃，每当我在学术上有新的想法或疑惑而向翟老师请教时，翟老师都能耐心、尽心地给予指导。无论在正式的课堂授课还是很多非正式的闲聊，我经常能感受到翟老师独到的研究视角和思维方式给我带来的学术灵感。我尤其要感谢翟老师主持的国家社科基金重大招标课题对我的学术训练，作为课题组的一员我参与了该课题的问卷设计、实地调研和报告撰写，这些都对我的学术训练和学术成长起到了极为重要的作用。

其次要感谢为我们博士生授课的周晓虹教授、风笑天教授、张鸿雁教授、彭华民教授。诸位老师开设的博士学位课程尤其是课堂的研讨对我社会学思维的形成和训练以及学术视野的扩展具有重要作用。在博士论文预答辩环节，社会学院的风笑天教授、张鸿雁教授、朱力教授、贺晓星教授和闵学勤教授在研究方法的规范性、关键词语的把握、研究焦点的聚焦等方面给我提出了许多建设性建议，这使得论文在后来修改中得到进一步完善。在此对上述老师表达衷心的感谢。

感谢同门师兄师姐和师弟师妹。在我博士论文开题报告会上，在南京的同门几乎都参加了报告会并为我的论文开题提出了许多宝贵意见和建议。我尤其要感谢薛天山、张杰和沈毅三位师兄和麦磊师妹。我在赴温州实地调研前与薛天山师兄和张杰师兄的讨论，以及开题报告前后与沈毅师兄的几次探讨，对我调研大纲的细化和论文思路的廓清起到了重要作用。在赴温州实地调研前，得到麦磊师妹的引荐介绍，这使得我在温州的访谈更为顺利。

而在温州的实地调研，更是得到众多友人的帮助。根据一些访谈者的要求，我不得不隐去其中的一些友人的真实姓名。感谢浙江大学的张翔博士，张博士是毕业于北京大学社会学系的温州籍人，在他的牵线搭桥下我得以顺利地与新中国第一个创办"地下钱庄"（当时没有经过工商部门登记，为试点）的F老总进行两次长时间的访谈。与F老总的访谈使我对温州民间信用有了更深的理解。在温州调研时有幸得到两位南大校友的鼎力相助，他们是温州市政府工作人员L先生和温州图书馆馆员陈瑞赞先生。L先生为我介绍了温州社会信用建设的整个过程，还给我提供了大量的内部资料，这些资料对我的研究极为重要。陈瑞赞先生则为我在温州图书馆查阅温州地方文献提供了诸多便利。感谢温州大学商学院两位副院长江华教授和张一力教授，他们对我在温州的调研和论文写作提供了很多帮助。在我的博士生导师的牵线搭桥下，温州一家顾问公司的F先生对我在温州的调研亦帮助良多。在他的引荐下，我得以与温州Q协会秘书长H先生进行了数次访谈，我要对H先生前后几次接受我长时间的访谈表示感谢。感谢温州市永嘉县的Z女士为我与温州F商会会长Z先生、常务副秘书长C先生的访谈牵线搭桥，我也要对Z和C先生表示诚挚的谢意。感谢温州S协会副会长C先生，他也在百忙之中抽出时间来接受我对他的访谈。我在乐清柳市的访谈，多亏有宗亲WH先生的帮助。WH本人在温州办厂多年，与他多次的交流使得我对温州产业集群下的信用交易和人际信任等有了更深入的体会。除了以上人员的帮助外，还有诸多接受我访谈的温州老板，在此难以一一列举。如果没有上述朋友的帮助、信任与配合，这篇论文的实地调研恐难完成。

感谢我的爱人曹卉。在我攻读博士这几年，我经常要在南昌与南京之间来回，中途还有几个月在温州实地调研，无暇顾及自己的小家。她作为一名高校教师在承载着教学科研压力的同时，还要经常独自一人承担孩子的养育，因此这篇博士论文也有她间接的付出。

最后要感谢南昌航空大学文法学院和南昌航空大学科技处，本书的出版离不开文法学院和科技处领导给予的大力支持。

汪火根

2019 年 3 月 29 日于南昌